LANGENSCHEIDTS

VERB-TABELLEN

DEUTSCH

BEARBEITET VON

DR. HEINZ F. WENDT

LANGENSCHEIDT

BERLIN · MÜNCHEN · WIEN · ZÜRICH · NEW YORK

Auflage:	19.	18.	17.	16.	15.		Letzte Zahlen
Jahr:	1999	98	97	96	95		maßgeblich

© 1975 by Langenscheidt KG, Berlin und München
Druck: Druckhaus Langenscheidt, Berlin-Schöneberg
Printed in Germany · ISBN 3-468-34110-5

Inhaltsverzeichnis

Hinweise zur Benutzung der Tabellen und der Liste

1. **Formen in Klammern** sind veraltet, selten gebräuchlich oder auf einen feierlichen Stil beschränkt: *(buk)*, *(büke)* von *backen*.

2. **Die trennbaren Verben** sind mit einem geraden Strich zwischen der trennbaren Vorsilbe und dem Grundverb bezeichnet. Die trennbare Vorsilbe trägt außerdem ein Betonungszeichen: 'aus|fragen; ich frage aus, ausgefragt.

3. Um eine möglichst **schnelle und einfache Orientierung** zu ermöglichen, sind die Hinweise in der alphabetischen Liste der Verben auf die Angabe einer wesentlichen Konjugationstabelle beschränkt, z. B.

   'ab|spielen   Verweis auf   'aus|fragen: ich frage aus
                                             entsprechend: **ich spiele ab**

   'ab|steigen   Verweis auf   **steigen** *(s. Seite 39)*

   Alle anderen Formen, Stellung der Vorsilbe **ab-** usw. sind aus dem Muster *'aus|rufen* zu erschließen.

   Als Norm gilt, daß die zusammengesetzten Zeiten eines Verbs im Aktiv mit **haben** gebildet werden. Ein besonderer Hinweis ist damit überflüssig. Die Konjugation mit **sein** ist dagegen gekennzeichnet, z. B.

   'ab|steigen *v/i* (**sein**):   *ich steige ab*
                                             ich stieg ab
                                             ich **bin** abgestiegen

   (→ sein) bedeutet, daß das Verb mit *sein* konjugiert wird, wenn eine **gerichtete Bewegung** vorliegt, z. B.
       ich **habe** (zwei Stunden) geschwommen
     aber: ich **bin** an das andere Ufer geschwommen.

   Ist man über eine bestimmte zusammengesetzte Form mit *sein* im Zweifel, findet man diese unter *erwachen*.

4. **Weitere Beispiele zur Benutzung der Liste:**

   'ab|gewöhnen j-m etw.; sich *(D)* etw. ~ (P.P. 'abgewöhnt)
   Wegen der Stellung des Reflexivpronomens muß das Muster
   sich freuen zu Rate gezogen werden. *D* hinter *sich* gibt an, daß das Reflexivpronomen im Dativ steht:
                                   ich freue mich
                                   ich gewöhne **mir** etwas ab.
   P.P. abgewöhnt macht darauf aufmerksam, daß das Partizip kein weiteres *ge-* zu sich nimmt.
   Der Vermerk *v/i* (**sein**) *D; A* hinter **unter'laufen** bedeutet:
   unterlaufen ist intransitiv, wird mit *sein* konjugiert und mit dem Dativ verbunden, z. B.
                                 Ein Fehler **ist** *mir* unterlaufen.
   A nach dem Semikolon bedeutet, daß das Verb auch transitiv sein kann, also ein Akkusativobjekt zu sich nimmt und mit *haben* verbunden wird, z. B.
                                 Er *hat die Verordnung* unterlaufen.

Abkürzungen

A	Akkusativobjekt	*od.*	oder
a.	auch	*Pass.*	Passiv
D	Dativobjekt	*Perf.*	Perfekt
etw.	sachliches Akkusativobjekt	*P. P.*	Partizip Perfekt
fig.	figürlich	*Präs.*	Präsens
G	Genetivobjekt	*s.*	siehe
Imp.	Imperativ	*v/i*	intransitives Verb; Verb, das nur
Ind.	Indikativ		ohne Objekt oder einem inneren
Inf.	Infinitiv		Objekt verwendet wird; z. B.
j-m	meist persönliches Dativobjekt		*Walzer tanzen. Walzer* ist inneres
j-n	meist persönliches Akkusativ-		Objekt, da es als Tanz das Verb
	objekt		*tanzen* nur näher bestimmt.
Konj.	Konjunktiv	*v/t*	transitives Verb
mst.	meist	→	(sein) s. Hinweise zur Be-
N	Substantiv im Nominativ		nutzung 3.
	(Gleichsetzungsnominativ)		

AKTIV   **loben** (schwache Verben)

Einfache Zeiten

INDIKATIV		KONJUNKTIV		IMPERATIV
Präsens	*Präteritum*	*Präsens* (od. Konj. I)	*Präteritum* (od. Konj. II)	
ich lobe	lobte	lobe	lobte	
du lobst	lobtest	lobest	lobtest	lobe! (lob!)
er lobt	lobte	lobe	lobte	loben wir!
wir loben	lobten	loben	lobten	laßt uns loben!
ihr lobt	lobtet	lobet	lobtet	lobt! loben Sie!
sie loben	lobten	loben	lobten	

Infinitiv		Partizip		Verben mit
Präsens	*Perfekt*	*Präsens*	*Perfekt*	**unbetonter** Vorsilbe
loben	gelobt haben	lobend	gelobt	**kein ge-:**
				*ver'*lobt
				*über'*rascht

INDIKATIV   **Zusammengesetzte Zeiten**

Perfekt	*Plusquamperfekt*	*Futur I*	*Futur II*
ich **habe** gelobt	**hatte** gelobt	werde loben	werde **gelobt haben**
du **hast** gelobt	**hattest** gelobt	wirst loben	wirst **gelobt haben**
er **hat** gelobt	**hatte** gelobt	wird loben	wird **gelobt haben**
wir **haben** gelobt	**hatten** gelobt	werden loben	werden **gelobt haben**
ihr **habt** gelobt	**hattet** gelobt	werdet loben	werdet **gelobt haben**
sie **haben** gelobt	**hatten** gelobt	werden loben	werden **gelobt haben**

Konditional I	*Konditional II*
ich würde loben	würde **gelobt haben**
du würdest loben	würdest **gelobt haben**
er würde loben	würde **gelobt haben**
wir würden loben	würden **gelobt haben**
ihr würdet loben	würdet **gelobt haben**
sie würden loben	würden **gelobt haben**

KONJUNKTIV

Perfekt (Konj. I + P. P.)	*Plusquamperfekt* (Konj. II + P. P.)	*Futur I* (Konj. I + Inf.)	*Futur II* (Konj. I + Inf. Perf.)
ich **habe** gelobt	**hätte** gelobt	werde loben	werde **gelobt haben**
du **habest** gelobt	**hättest** gelobt	werdest loben	werdest **gelobt haben**
er **habe** gelobt	**hätte** gelobt	werde loben	werde **gelobt haben**
wir **haben** gelobt	**hätten** gelobt	werden loben	werden **gelobt haben**
ihr **habet** gelobt	**hättet** gelobt	werdet loben	werdet **gelobt haben**
sie **haben** gelobt	**hätten** gelobt	werden loben	werden **gelobt haben**

PASSIV

gelobt werden

INDIKATIV

Präsens	Präteritum	Imperativ
		(*aus dem Zustandspassiv:* sei ...!)
ich werde gelobt	wurde gelobt	
du wirst gelobt	wurdest gelobt	(werde) **sei** gelobt!
er wird gelobt	wurde gelobt	(werden wir) **seien wir** gelobt!
wir werden gelobt	wurden gelobt	(werdet) **seid,** Seien Sie (werden Sie) gelobt!
ihr werdet gelobt	wurdet gelobt	
sie werden gelobt	wurden gelobt	

Infinitiv		Partizip	
Präsens	*Perfekt*	*Nezessativ*	*Perfekt*
gelobt **werden**	gelobt **worden sein**	**zu** lobend	gelobt

Perfekt	Plusquamperfekt
ich bin gelobt worden	war gelobt worden
du bist gelobt worden	warst gelobt worden
er ist gelobt worden	war gelobt worden
wir sind gelobt worden	waren gelobt worden
ihr seid gelobt worden	wart gelobt worden
sie sind gelobt worden	waren gelobt worden

Futur I	Futur II
ich werde gelobt werden	werde gelobt worden sein
du wirst gelobt werden	wirst gelobt worden sein
er wird gelobt werden	wird gelobt worden sein
wir werden gelobt werden	werden gelobt worden sein
ihr werdet gelobt werden	werdet gelobt worden sein
sie werden gelobt werden	werden gelobt worden sein

Konditional I	Konditional II
ich würde gelobt werden	würde gelobt worden sein
du würdest gelobt werden	würdest gelobt worden sein
er würde gelobt werden	würde gelobt worden sein
wir würden gelobt werden	würden gelobt worden sein
ihr würdet gelobt werden	würdet gelobt worden sein
sie würden gelobt werden	würden gelobt worden sein

KONJUNKTIV

Präsens (Konj. I + P. P.)	Präteritum (Konj. II + P. P.)
ich werde gelobt	würde gelobt
du werdest gelobt	würdest gelobt
er werde gelobt	würde gelobt
wir werden gelobt	würden gelobt
ihr werdet gelobt	würdet gelobt
sie werden gelobt	würden gelobt

Perfekt (Konj. I + P. P. Pass.)	Plusquamperfekt (Konj. II + P. P. Pass.)
ich sei gelobt worden	wäre gelobt worden
du seiest gelobt worden	wärest gelobt worden
er sei gelobt worden	wäre gelobt worden
wir seien gelobt worden	wären gelobt worden
ihr seiet gelobt worden	wäret gelobt worden
sie seien gelobt worden	wären gelobt worden

Futur I	Futur II
ich werde gelobt werden	werde gelobt worden sein
du werdest gelobt werden	werdest gelobt worden sein
er werde gelobt werden	werde gelobt worden sein
wir werden gelobt werden	werden gelobt worden sein
ihr werdet gelobt werden	werdet gelobt worden sein
sie werden gelobt werden	werden gelobt worden sein

ZUSTANDSPASSIV   **Infinitiv: geschädigt sein**   **Part. Perf.: geschädigt**

INDIKATIV

Präsens	Präteritum
ich bin geschädigt	war geschädigt
du bist geschädigt	warst geschädigt
er ist geschädigt	war geschädigt
wir sind geschädigt	waren geschädigt
ihr seid geschädigt	wart geschädigt
sie sind geschädigt	waren geschädigt

Perfekt	Plusquamperfekt
ich bin geschädigt gewesen	war geschädigt gewesen

Futur I	Konditional I
ich werde geschädigt sein	würde geschädigt sein

KONJUNKTIV

Präsens (Konj. I)	*Präteritum (Konj. II)*
ich sei geschädigt	wäre geschädigt
du seiest geschädigt	wärest geschädigt
er sei geschädigt	wäre geschädigt
wir seien geschädigt	wären geschädigt
ihr seiet geschädigt	wäret geschädigt
sie seien geschädigt	wären geschädigt
Perfekt	*Plusquamperfekt*
ich sei geschädigt gewesen	wäre geschädigt gewesen
usw.	*usw.*
Futur I	*Konditional I*
ich werde geschädigt sein	ich würde geschädigt sein
du werdest geschädigt sein	du werdest geschädigt sein
usw.	

KONJUNKTIV DER INDIREKTEN REDE

(Mischformen aus Konjunktiv I und II)

AKTIV

Gegenwart	*Vergangenheit*	*Zukunft*
Man sagt,		
ich lob**te**	ich **hätte** gelobt	ich **würde** loben
du lob**est**	du habest gelobt	du werdest loben
er lob**e**	er habe gelobt	er werde loben
wir lob**ten**	wir **hätten** gelobt	wir **würden** loben
ihr lob**et**	ihr habet (hättet) gelobt	ihr **würdet** loben
sie lob**ten**	sie **hätten** gelobt	sie **würden** loben

Gegenwart und Zukunft auch: ich würde loben   wir würden loben
du würdest loben   ihr würdet loben
er würde loben   sie würden loben

PASSIV

ich **würde** gelobt	sei gelobt worden	**würde** gelobt werden
du werdest gelobt	seiest gelobt worden	werdest gelobt werden
er werde gelobt	sei gelobt worden	werde gelobt werden
wir **würden** gelobt	seien gelobt worden	**würden** gelobt werden
ihr **würdet** gelobt	seiet gelobt worden	**würdet** gelobt werden
sie **würden** gelobt	seien gelobt worden	**würden** gelobt werden

AKTIV   **'aus|fragen** (trennbare schwache Verben)

Einfache Zeiten

INDIKATIV		KONJUNKTIV		IMPERATIV
Präsens	*Präteritum*	*Präsens* *(Konj. I)*	*Präteritum* *(Konj. II)*	
ich frage aus	fragte aus	frage aus	fragte aus	
du fragst aus	fragtest aus	fragest aus	fragtest aus	frage aus! frag aus!
er fragt aus	fragte aus	frage aus	fragte aus	
wir fragen aus	fragten aus	fragen aus	fragten aus	fragen wir aus!
ihr fragt aus	fragtet aus	fraget aus	fragtet aus	laßt uns ausfragen!
sie fragen aus	fragten aus	fragen aus	fragten aus	fragt aus! fragen Sie aus!

Infinitiv		**Partizip**	
Präsens	*Perfekt*	*Präsens*	*Perfekt*
ausfragen	ausgefragt haben	ausfragend	ausgefragt

INDIKATIV   **Zusammengesetzte Zeiten**

Perfekt	*Plusquamperfekt*	*Futur I*
ich habe ausgefragt	hatte ausgefragt	werde ausfragen
du hast ausgefragt	hattest ausgefragt	wirst ausfragen
er hat ausgefragt	hatte ausgefragt	wird ausfragen
wir haben ausgefragt	hatten ausgefragt	werden ausfragen
ihr habt ausgefragt	hattet ausgefragt	werdet ausfragen
sie haben ausgefragt	hatten ausgefragt	werden ausfragen

Futur II	*Konditional I*	*Konditional II*
ich werde ausgefragt **haben**	würde ausfragen	würde ausgefragt **haben**
du wirst ausgefragt **haben**	würdest ausfragen	würdest ausgefragt **haben**
er wird ausgefragt **haben**	würde ausfragen	würde ausgefragt **haben**
wir werden ausgefragt **haben**	würden ausfragen	würden ausgefragt **haben**
ihr werdet ausgefragt **haben**	würdet ausfragen	würdet ausgefragt **haben**
sie werden ausgefragt **haben**	würden ausfragen	würden ausgefragt **haben**

KONJUNKTIV

Präsens (Konj. I + P. P.)	ich habe ausgefragt *usw. wie loben*
Plusquamperfekt (Konj. II + P. P.)	ich hätte ausgefragt *usw. wie loben*
Futur I (Konj. I + Inf.)	ich werde ausfragen *usw. wie loben*
Futur II (Konj. I + Inf. Perf.)	ich werde ausgefragt **haben** *usw. wie loben*

KONJUNKTIV DER INDIREKTEN REDE

(Mischformen aus Konj. I und II)

AKTIV

Gegenwart	*Vergangenheit*	*Zukunft*
Man sagt,		
ich fragte aus	**hätte** ausgefragt	**würde** ausfragen
du fragest aus	habest ausgefragt	werdest ausfragen
er frage aus	habe ausgefragt	werde ausfragen
wir fragten aus	**hätten** ausgefragt	**würden** ausfragen
ihr fraget aus	habet (hättet) ausgefragt	**würdet** ausfragen
sie fragten aus	**hätten** ausgefragt	**würden** ausfragen

Gegenwart und Zukunft auch:

ich würde ausfragen	wir würden ausfragen
du würdest ausfragen	ihr würdet ausfragen
er würde ausfragen	sie würden ausfragen

PASSIV

ich **würde** ausgefragt	sei ausgefragt worden	**würde** ausgefragt werden
du werdest ausgefragt	seiest ausgefragt worden	werdest ausgefragt werden
er werde ausgefragt	sei ausgefragt worden	werde ausgefragt werden
wir **würden** ausgefragt	seien ausgefragt worden	**würden** ausgefragt werden
ihr **würdet** ausgefragt	seiet ausgefragt worden	**würdet** ausgefragt werden
sie **würden** ausgefragt	seien ausgefragt worden	**würden** ausgefragt werden

PASSIV   **ausgefragt werden**

INDIKATIV

Präsens	*Präteritum*	*Imperativ*
ich werde ausgefragt	wurde ausgefragt	(werde, sei ausgefragt!)
usw. wie loben	*usw. wie loben*	*kaum gebräuchlich*

Infinitiv		**Partizip**	
Präsens	*Perfekt*	*Nezessativ*	*Perfekt*
ausgefragt **werden**	ausgefragt **worden sein**	auszufragen**d**	ausgefragt

Perfekt	ich bin ausgefragt worden
Plusquamperfekt	ich war ausgefragt worden
Futur I	ich werde ausgefragt werden
Futur II	ich werde ausgefragt worden sein
Konditional I	ich würde ausgefragt werden
Konditional II	ich würde ausgefragt worden sein

KONJUNKTIV

Präsens	ich werde ausgefragt
Präteritum	ich würde ausgefragt
Perfekt	ich sei ausgefragt worden
Plusquamperfekt	ich wäre ausgefragt worden
Futur I	ich werde ausgefragt werden
Futur II	ich werde ausgefragt worden sein
Konditional I	ich würde ausgefragt werden
Konditional II	ich würde ausgefragt worden sein

ZUSTANDSPASSIV

	INDIKATIV	KONJUNKTIV
Präsens	ich bin ausgefragt	ich sei ausgefragt
Präteritum	ich war ausgefragt	ich wäre ausgefragt
Perfekt	ich bin ausgefragt gewesen	ich sei ausgefragt gewesen
Plusquamperfekt	ich war ausgefragt gewesen	ich wäre ausgefragt gewesen
Futur I	ich werde ausgefragt sein	ich werde ausgefragt sein
Konditional I	ich würde ausgefragt sein	ich würde ausgefragt sein

NUR AKTIV   **erwachen** (sein)

Einfache Zeiten

INDIKATIV		KONJUNKTIV		IMPERATIV
Präsens	*Präteritum*	*Präsens* (*Konj. I*)	*Präteritum* (*Konj. II*)	
ich erwache	erwachte	erwache	erwachte	
du erwachst	erwachtest	erwachest	erwachtest	erwache! erwach!
er erwacht	erwachte	erwache	erwachte	
wir erwachen	erwachten	erwachen	erwachten	erwachen **wir!**
ihr erwacht	erwachtet	erwachet	erwachtet	**laßt uns** erwachen!
sie erwachen	erwachten	erwachen	erwachten	erwacht! erwachen **Sie!**

Infinitiv		**Partizip**	
Präsens	*Perfekt*	*Präsens*	*Perfekt*
erwachen	erwacht **sein**	erwachend	erwacht

Zusammengesetzte Zeiten

INDIKATIV

Perfekt	Plusquamperfekt	Futur I	Futur II
ich **bin** erwacht	**war** erwacht	werde erwachen	werde **erwacht sein**
du **bist** erwacht	**warst** erwacht	wirst erwachen	wirst **erwacht sein**
er **ist** erwacht	**war** erwacht	wird erwachen	wird **erwacht sein**
wir **sind** erwacht	**waren** erwacht	werden erwachen	werden **erwacht sein**
ihr **seid** erwacht	**wart** erwacht	werdet erwachen	werdet **erwacht sein**
sie **sind** erwacht	**waren** erwacht	werden erwachen	werden **erwacht sein**

Konditional I	Konditional II
ich würde erwachen	würde **erwacht sein**
du würdest erwachen	würdest **erwacht sein**
er würde erwachen	würde **erwacht sein**
wir würden erwachen	würden **erwacht sein**
ihr würdet erwachen	würdet **erwacht sein**
sie würden erwachen	würden **erwacht sein**

KONJUNKTIV

Perfekt (Konj. I + P. P.)	Plusquamperfekt (Konj. II + P. P.)	Futur I (Konj. I + Inf.)	Futur II (Konj. I + Inf. Perf.)
ich **sei** erwacht	**wäre** erwacht	werde erwachen	werde **erwacht sein**
du **seiest** erwacht	**wärest** erwacht	werdest erwachen	werdest **erwacht sein**
er **sei** erwacht	**wäre** erwacht	werde erwachen	werde **erwacht sein**
wir **seien** erwacht	**wären** erwacht	werden erwachen	werden **erwacht sein**
ihr **seiet** erwacht	**wäret** erwacht	werdet erwachen	werdet **erwacht sein**
sie **seien** erwacht	**wären** erwacht	werden erwachen	werden **erwacht sein**

KONJUNKTIV DER INDIREKTEN REDE

Gegenwart	Vergangenheit	Zukunft
Man sagt,		
ich erwach**te**	**wäre** erwacht	**würde** erwachen
du erwach**est**	**wärest** erwacht	werdest erwachen
er erwach**e**	**wäre** erwacht	werde erwachen
wir erwach**ten**	**wären** erwacht	**würden** erwachen
ihr erwach**et**	**wäret** erwacht	**würdet** erwachen
sie erwach**ten**	**wären** erwacht	**würden** erwachen

sich freuen

Einfache Zeiten

INDIKATIV		KONJUNKTIV		IMPERATIV
Präsens	*Präteritum*	*Präsens* *(od. Konj. I)*	*Präteritum* *(od. Konj. II)*	
ich freue mich	freute mich	freue mich	freute mich	
du freust dich	freutest dich	freuest dich	freutest dich	freue dich!
er freut sich	freute sich	freue sich	freute sich	
wir freuen uns	freuten uns	freuen uns	freuten uns	freuen wir uns!
ihr freut euch	freutet euch	freuet euch	freutet euch	freut euch!
sie freuen sich	freuten sich	freuen sich	freuten sich	

Infinitiv		**Partizip**	
Präsens	*Perfekt*	*Präsens*	*Perfekt*
sich freuen	sich gefreut **haben**	sich freu**end**	gefreut

INDIKATIV   Zusammengesetzte Zeiten

Perfekt	*Plusquamperfekt*	*Futur I*	*Futur II*
ich **habe** mich gefreut	**hatte** mich gefreut	werde mich freuen	werde mich **gefreut** haben
du **hast** dich gefreut	**hattest** dich gefreut	wirst dich freuen	wirst dich **gefreut** haben
er **hat** sich gefreut	**hatte** sich gefreut	wird sich freuen	wird sich **gefreut** haben
wir **haben** uns gefreut	**hatten** uns gefreut	werden uns freuen	werden uns **gefreut** haben
ihr **habt** euch gefreut	**hattet** euch gefreut	werdet euch freuen	werdet euch **gefreut** haben
sie **haben** sich gefreut	**hatten** sich gefreut	werden sich freuen	werden sich **gefreut** haben

Konditional I	*Konditional II*
ich würde mich freuen	würde mich **gefreut haben**
du würdest dich freuen	würdest dich **gefreut haben**
er würde sich freuen	würde sich **gefreut haben**
wir würden uns freuen	würden uns **gefreut haben**
ihr würdet euch freuen	würdet euch **gefreut haben**
sie würden sich freuen	würden sich **gefreut haben**

KONJUNKTIV

Perfekt *(Konj. I* *+ P. P.)*	ich **habe** mich gefreut du **habest** dich gefreut er **habe** sich gefreut wir **haben** uns gefreut ihr **habet** euch gefreut sie **haben** sich gefreut	*Plusquamperfekt* *(Konj. II* *+ P. P.)*	**hätte** mich gefreut **hättest** dich gefreut **hätte** sich gefreut **hätten** uns gefreut **hättet** euch gefreut **hätten** sich gefreut
Futur I *(Konj. I* *+ Inf.)*	ich werde mich freuen du werdest dich freuen er werde sich freuen wir werden uns freuen ihr werdet euch freuen sie werden sich freuen	*Futur II* *(Konj. I* *+ Inf. Perf.)*	werde mich gefreut haben werdest dich gefreut haben werde sich gefreut haben werden uns gefreut haben werdet euch gefreut haben werden sich gefreut haben

KONJUNKTIV DER INDIREKTEN REDE

Gegenwart	*Vergangenheit*	*Zukunft*
Man sagt,		
ich freute mich	**hätte** mich gefreut	**würde** mich freuen
du freuest dich	habest dich gefreut	werdest dich freuen
er freue sich	habe sich gefreut	werde sich freuen
wir freuten uns	**hätten** uns gefreut	**würden** uns freuen
ihr freuet euch	habet euch gefreut	**würdet** euch freuen
sie freuten sich	**hätten** sich gefreut	**würden** sich freuen

AKTIV   <u>**reden**</u> (Verben auf -den und -ten)

Einfache Zeiten

INDIKATIV		KONJUNKTIV		IMPERATIV
Präsens	*Präteritum*	*Präsens* *(Konj. I)*	*Präteritum* *(Konj. II)* = INDIKATIV	
ich rede	redete	rede	redete	
du redest	redetest	redest	redetest	rede!
er redet	redete	**rede**	redete	
wir reden	redeten	reden	redeten	reden wir! laßt
ihr redet	redetet	redet	redetet	uns reden!
sie reden	redeten	reden	redeten	redet! reden Sie!

Infinitiv		**Partizip**	
Präsens	*Perfekt*	*Präsens*	*Perfekt*
reden	geredet haben	red**end**	geredet

AKTIV

Perfekt ich habe geredet *(usw. wie loben)*

PASSIV *(nur unpersönlich)*

Präsens es wird geredet

KONJUNKTIV DER INDIREKTEN REDE

Gegenwart		
Man sagt,		
ich redete	wir redeten	*Vergangenheit und Zukunft*
du redetest	ihr redetet	*wie* **loben**
er rede	sie redeten	

AKTIV

reisen (Verben auf -sen)

Einfache Zeiten

INDIKATIV		KONJUNKTIV		IMPERATIV
Präsens	*Präteritum*	*Präsens* (*Konj. I*)	*Präteritum* (*Konj. II*)	
ich reise	reiste	reise	reiste	
du reist (reisest)	reistest	reisest	reistest	reise!
er reist	reiste	reise	reiste	
wir reisen	reisten	reisen	reisten	reisen wir! laßt uns
ihr reist	reistet	reiset	reistet	reisen!
sie reisen	reisten	reisen	reisten	reist! reisen Sie!

Infinitiv

Präsens	*Perfekt*
reisen	gereist **sein**

Partizip

Präsens	*Perfekt*
reisend	gereist

Zusammengesetzte Zeiten

AKTIV

Perfekt ich **bin** gereist *(usw. wie erwachen)*

PASSIV *(nur unpersönlich)*

es wird gereist

KONJUNKTIV DER INDIREKTEN REDE

Gegenwart		
Man sagt,		
ich reiste	wir reisten	*Vergangenheit und Zukunft*
du reisest	ihr reiset	*wie* **erwachen**
er reise	sie reisten	

AKTIV   **fassen** (Verben auf -ssen)

Einfache Zeiten

INDIKATIV		KONJUNKTIV		IMPERATIV
Präsens	*Präteritum*	*Präsens* *(Konj. I)*	*Präteritum* *(Konj. II)*	
ich fasse	faßte	fasse	faßte	
du faßt (fassest)	faßtest	fassest	faßtest	fasse! faß!
er faßt	faßte	fasse	faßte	
wir fassen	faßten	fassen	faßten	fassen wir! laßt uns
ihr faßt	faßtet	fasset	faßtet	fassen!
sie fassen	faßten	fassen	faßten	faßt! fassen Sie!

Infinitiv		Partizip	
Präsens	*Perfekt*	*Präsens*	*Perfekt*
fassen	gefaßt haben	fassend	gefaßt

Zusammengesetzte Zeiten

AKTIV   PASSIV

Perfekt ich habe gefaßt   *Präsens* ich werde gefaßt
    (usw. wie loben)   *(usw. wie loben)*

KONJUNKTIV DER INDIREKTEN REDE

Gegenwart
Man sagt,   ich faßte   wir faßten   *Vergangenheit und Zukunft*
         du fassest   ihr fasset   *wie* **loben**
         er fasse   sie fassen
Gegenwart und Zukunft auch: ich würde, du würdest, er würde, wir würden, ihr
                         würdet, sie würden fassen.

AKTIV   **grüßen** (Verben auf -ßen, -xen, -zen, -tzen, -cksen, -chsen)

Einfache Zeiten

INDIKATIV		KONJUNKTIV		IMPERATIV
Präsens	*Präteritum*	*Präsens* *(Konj. I)*	*Präteritum* *(Konj. II)*	
ich grüße	grüßte	grüße	grüßte	
du grüßt (grüßest)	grüßtest	grüßest	grüßtest	grüße! grüß!
er grüßt	grüßte	grüße	grüßte	
wir grüßen	grüßten	grüßen	grüßten	grüßen wir! laßt
ihr grüßt	grüßtet	grüßet	grüßtet	uns grüßen!
sie grüßen	grüßten	grüßen	grüßten	grüßt! grüßen Sie!

	Infinitiv		Partizip	
	Präsens	*Perfekt*	*Präsens*	*Perfekt*
	grüßen	gegrüßt	grüßend	gegrüßt

Zusammengesetzte Zeiten

AKTIV

Perfekt ich habe gegrüßt *(usw. wie loben)*

PASSIV

Präsens ich werde gegrüßt
(usw. wie loben)

KONJUNKTIV DER INDIREKTEN REDE

Gegenwart	**Man sagt,**	
ich grüßte	wir grüßten	*Vergangenheit und Zukunft wie* **loben**
du grüßest	ihr grüßet	*Gegenwart und Zukunft auch* = Konditional I
er grüße	sie grüßten	

AKTIV

handeln (Verben auf -eln)

Einfache Zeiten

INDIKATIV		KONJUNKTIV		IMPERATIV
Präsens	*Präteritum*	*Präsens* (Konj. I)	*Präteritum* (Konj. II) = INDIKATIV	
ich han**dle** (handele)	handelte	han**dle**	handelte	
du han**delst**	handeltest	han**dlest**	handeltest	handle!
er han**delt**	handelte	han**dle**	handelte	
wir han**deln**	handelten	han**dlen**	handelten	handeln wir! laßt
ihr han**delt**	handeltet	han**dlet**	handeltet	uns handeln!
sie han**deln**	handelten	han**dlen**	handelten	handelt! handeln Sie!

Infinitiv		**Partizip**	
Präsens	*Perfekt*	*Präsens*	*Perfekt*
hand**eln**	ge**handelt** haben	hand**elnd**	ge**handelt**

Zusammengesetzte Zeiten

AKTIV

Perfekt ich habe gehandelt
(usw. wie loben)

PASSIV

Präsens ich werde gehandelt

KONJUNKTIV DER INDIREKTEN REDE

Gegenwart	**Man sagt,**	*Vergangenheit*	*Zukunft*
	ich handle	ich handelte	ich werde handeln
	(usw. wie loben Präs. Konj.)	*(wie loben)*	*(wie loben)*
	Gegenwart und Zukunft auch: ich würde, du würdest *usw.* handeln		

AKTIV   **wandern** (Verben auf -ern)

Einfache Zeiten

INDIKATIV   KONJUNKTIV   IMPERATIV

Präsens	Präteritum	Präsens (Konj. I)	Präteritum (Konj. II) = INDIKATIV	
ich wandere (wandre)	wanderte	wandre	wanderte	
du wanderst	wandertest	wandrest	wandertest	wandre!
er wandert	wanderte	wandre	wanderte	
wir wandern	wanderten	wandren	wanderten	wandern wir! laßt
ihr wandert	wandertet	wandret	wandertet	uns wandern!
sie wandern	wanderten	wandren	wanderten	wandert! wandern Sie!

Infinitiv		Partizip	
Präsens	Perfekt	Präsens	Perfekt
wandern	gewandert sein	wandernd	gewandert

Zusammengesetzte Zeiten

AKTIV   PASSIV *(nur unpersönlich)*

Perfekt ich **bin** gewandert   *Präsens* es wird gewandert
     (usw. wie erwachen)

KONJUNKTIV DER INDIREKTEN REDE

Gegenwart **Man sagt,**   *Vergangenheit und Zukunft wie* **erwachen**
     ich wandre *(usw. wie oben)*
     Gegenwart und Zukunft auch: ich würde, du würdest *usw.* wandern

AKTIV   **rechnen** (Verben auf -nen u. einige auf -men)

Einfache Zeiten

INDIKATIV   KONJUNKTIV   IMPERATIV

Präsens	Präteritum	Präsens (Konj. I)	Präteritum (Konj. II)	
ich rechne	rechnete	rechne	rechnete	
du rechnest	rechnetest	rechnest	rechnetest	rechne!
er rechnet	rechnete	rechne	rechnete	rechnen wir! laßt
wir rechnen	rechneten	rechnen	rechneten	uns rechnen!
ihr rechnet	rechnetet	rechnet	rechnetet	rechnet! rechnen Sie!
sie rechnen	rechneten	rechnen	rechneten	

Infinitiv		Partizip	
Präsens	*Perfekt*	*Präsens*	*Perfekt*
rechnen	gerechnet haben	rechnend	gerechnet

Zusammengesetzte Zeiten

AKTIV

PASSIV

Perfekt ich habe gerechnet
(usw. wie loben)

Präsens es wird gerechnet

KONJUNKTIV DER INDIREKTEN REDE

Gegenwart		*Vergangenheit*	*Zukunft*
Man sagt,			
ich rechnete	wir rechneten	hätte gerechnet	würde rechnen
du rechnetest	ihr rechnetet	*(usw. wie loben)*	*(usw. wie loben)*
er rechne	sie rechneten		

Gegenwart und Zukunft auch: ich würde rechnen, du würdest rechnen *usw.*

AKTIV

studieren (Verben auf -ieren)

INDIKATIV		**KONJUNKTIV**		**IMPERATIV**
Präsens	*Präteritum*	*Präsens* (Konj. I)	*Präteritum* (Konj. II)	
ich studiere	studierte	studiere	studierte	
du studierst	studiertest	studierest	studiertest	studiere!
er studiert	studierte	studiere	studierte	
wir studieren	studierten	studieren	studierten	studieren wir!
ihr studiert	studiertet	studieret	studiertet	laßt uns studieren!
sie studieren	studierten	studieren	studierten	studiert! studieren Sie!

Infinitiv		Partizip	
Präsens	*Perfekt*	*Präsens*	*Perfekt*
studieren	studiert haben	studierend	studiert
	(kein ge-!)		*(kein ge-!)*

Zusammengesetzte Zeiten

AKTIV

PASSIV

Perfekt ich habe **studiert**
(usw. wie loben)

Präsens es wird studiert

AKTIV   **rufen** (u — i — u)   **starke Verben**

1 — 2 — 1

INDIKATIV		KONJUNKTIV		IMPERATIV

Präsens	*Präteritum*	*Präsens* *(Konj. I)*	*Präteritum* *(Konj. II)*	
ich rufe	rief	rufe	riefe	
du rufst	riefst	rufest	riefest	rufe! ruf!
er ruft	rief	rufe	riefe	
wir rufen	riefen	rufen	riefen	rufen wir! laßt uns rufen!
ihr ruft	rieft	rufet	riefet	ruft! rufen Sie!
sie rufen	riefen	rufen	riefen	

Infinitiv		Partizip		Verben mit **unbetonter**
Präsens	*Perfekt*	*Präsens*	*Perfekt*	Vorsilbe **kein ge-:**
rufen	gerufen haben	rufend	gerufen	*be*'rufen
				ver'boten
				durch'laufen

INDIKATIV   Zusammengesetzte Zeiten

Perfekt	*Plusquamperfekt*	*Futur I*	*Futur II*
ich **habe** gerufen	**hatte** gerufen	**werde** rufen	**werde** gerufen haben
du **hast** gerufen	**hattest** gerufen	**wirst** rufen	**wirst** gerufen haben
er **hat** gerufen	**hatte** gerufen	**wird** rufen	**wird** gerufen haben
wir **haben** gerufen	**hatten** gerufen	**werden** rufen	**werden** gerufen haben
ihr **habt** gerufen	**hattet** gerufen	**werdet** rufen	**werdet** gerufen haben
sie **haben** gerufen	**hatten** gerufen	**werden** rufen	**werden** gerufen haben

Konditional I	ich würde rufen	*Konditional II*	würde gerufen haben
	du würdest rufen		würdest gerufen haben
	er würde rufen		würde gerufen haben
	wir würden rufen		würden gerufen haben
	ihr würdet rufen		würdet gerufen haben
	sie würden rufen		würden gerufen haben

KONJUNKTIV

Präsens *(Konj. I + P. P.)*	*Plusquamperfekt* *(Konj. II + P. P.)*	*Futur I* *(Konj. I + Inf.)*	*Futur II* *(Konj. I + Inf. Perf.)*
ich **habe** gerufen	**hätte** gerufen	**werde** rufen	**werde** gerufen haben
du **habest** gerufen	**hättest** gerufen	**werdest** rufen	**werdest** gerufen haben
er **habe** gerufen	**hätte** gerufen	**werde** rufen	**werde** gerufen haben
wir **haben** gerufen	**hätten** gerufen	**werden** rufen	**werden** gerufen haben
ihr **habet** gerufen	**hättet** gerufen	**werdet** rufen	**werdet** gerufen haben
sie **haben** gerufen	**hätten** gerufen	**werden** rufen	**werden** gerufen haben

gerufen werden

INDIKATIV

Präsens	*Präteritum*	*Imperativ*
ich werde gerufen	wurde gerufen	
du wirst gerufen	wurdest gerufen	
er wird gerufen	wurde gerufen	—
wir werden gerufen	wurden gerufen	
ihr werdet gerufen	wurdet gerufen	
sie werden gerufen	wurden gerufen	

Infinitiv

Präsens	*Perfekt*	**Partizip**	
		Nezessativ	*Perfekt*
gerufen **werden**	gerufen **worden sein**	**zu** rufe**nd**	gerufen

Perfekt	*Plusquamperfekt*
ich bin gerufen worden	war gerufen worden
du bist gerufen worden	warst gerufen worden
er ist gerufen worden	war gerufen worden
wir sind gerufen worden	waren gerufen worden
ihr seid gerufen worden	wart gerufen worden
sie sind gerufen worden	waren gerufen worden

Futur I	*Futur II*
ich werde gerufen werden	werde gerufen worden sein
du wirst gerufen werden	wirst gerufen worden sein
er wird gerufen werden	wird gerufen worden sein
wir werden gerufen werden	werden gerufen worden sein
ihr werdet gerufen werden	werdet gerufen worden sein
sie werden gerufen werden	werden gerufen worden sein

Konditional I	*Konditional II*
ich würde gerufen werden	würde gerufen worden sein
du würdest gerufen werden	würdest gerufen worden sein
er würde gerufen werden	würde gerufen worden sein
wir würden gerufen werden	würden gerufen worden sein
ihr würdet gerufen werden	würdet gerufen worden sein
sie würden gerufen werden	würden gerufen worden sein

KONJUNKTIV

Präsens (Konj. I + P. P.)	*Präteritum (Konj. II + P. P.)*
ich werde gerufen	würde gerufen
du werdest gerufen	würdest gerufen
er werde gerufen	würde gerufen
wir werden gerufen	würden gerufen
ihr werdet gerufen	würdet gerufen
sie werden gerufen	würden gerufen

Perfekt (Konj. I + P. P. Passiv)	*Plusquamperfekt (Konj. II + P. P. Pass.)*
ich sei gerufen worden	wäre gerufen worden
du seiest gerufen worden	wärest gerufen worden
er sei gerufen worden	wäre gerufen worden
wir seien gerufen worden	wären gerufen worden
ihr seiet gerufen worden	wäret gerufen worden
sie seien gerufen worden	wären gerufen worden

Futur I	*Futur II*
ich werde gerufen werden	werde gerufen worden sein
du werdest gerufen werden	werdest gerufen worden sein
er werde gerufen werden	werde gerufen worden sein
wir werden gerufen werden	werden gerufen worden sein
ihr werdet gerufen werden	werdet gerufen worden sein
sie werden gerufen werden	werden gerufen worden sein

Konditional I	*Konditional II*
ich würde gerufen werden	würde gerufen worden sein
du würdest gerufen werden	würdest gerufen worden sein
er würde gerufen werden	würde gerufen worden sein
wir würden gerufen werden	würden gerufen worden sein
ihr würdet gerufen werden	würdet gerufen worden sein
sie würden gerufen werden	würden gerufen worden sein

ZUSTANDSPASSIV   **Infinitiv:** gerufen sein   **Partizip Perfekt:** gerufen gewesen

INDIKATIV

Präsens	*Präteritum*
ich bin gerufen	war gerufen
du bist gerufen	warst gerufen
er ist gerufen	war gerufen
wir sind gerufen	waren gerufen
ihr seid gerufen	wart gerufen
sie sind gerufen	waren gerufen

Perfekt	*Plusquamperfekt*
ich bin gerufen gewesen	war gerufen gewesen

Futur I	*Konditional I*
ich werde gerufen sein	würde gerufen sein

KONJUNKTIV

Präsens (Konj. I)	Präteritum (Konj. II)
ich sei gerufen	wäre gerufen
du seiest gerufen	wärest gerufen
er sei gerufen	wäre gerufen
wir seien gerufen	wären gerufen
ihr seiet gerufen	wäret gerufen
sie seien gerufen	wären gerufen

Perfekt	Plusquamperfekt
ich sei gerufen gewesen	wäre gerufen gewesen
usw.	*usw.*

Futur I	
ich werde gerufen sein	—
du werdest gerufen sein	
usw.	

KONJUNKTIV DER INDIREKTEN REDE
(Mischformen aus Konj. I und Konj. II)

AKTIV *Gegenwart*	*Vergangenheit*	*Zukunft*
Man sagt,		
ich **riefe**	**hätte** gerufen	**würde** rufen
du rufest	habest gerufen	werdest rufen
er rufe	habe gerufen	werde rufen
wir **riefen**	**hätten** gerufen	**würden** rufen
ihr rufet	habet (hättet) gerufen	**würdet** rufen
sie **riefen**	**hätten** gerufen	**würden** rufen

Gegenwart und Zukunft auch:

ich würde rufen	wir würden rufen
du würdest rufen	ihr würdet rufen
er würde rufen	sie würden rufen

PASSIV		
ich **würde** gerufen	sei gerufen worden	**würde** gerufen werden
du werdest gerufen	seiest gerufen worden	werdest gerufen werden
er werde gerufen	sei gerufen worden	werde gerufen werden
wir **würden** gerufen	seien gerufen worden	**würden** gerufen werden
ihr **würdet** gerufen	seiet gerufen worden	**würdet** gerufen werden
sie **würden** gerufen	seien gerufen worden	**würden** gerufen werden

AKTIV		**'an|rufen** (u — i — u)		trennbare starke Verben

INDIKATIV		KONJUNKTIV		IMPERATIV

Präsens	*Präteritum*	*Präsens* (Konj. I)	*Präteritum* (Konj. II)	
ich rufe an	rief an	rufe an	riefe an	
du rufst an	riefst an	rufest an	riefest an	rufe an, ruf an!
er ruft an	rief an	rufe an	riefe an	
wir rufen an	riefen an	rufen an	riefen an	rufen wir an! laßt
ihr ruft an	rieft an	rufet an	riefet an	uns anrufen!
sie rufen an	riefen an	rufen an	riefen an	ruft an! rufen Sie an!

Infinitiv		**Partizip**	
Präsens	*Perfekt*	*Präsens*	*Perfekt*
anrufen	angerufen haben	anrufend	angerufen

AKTIV — **Zusammengesetzte Zeiten**

INDIKATIV		KONJUNKTIV	
Perfekt	ich habe angerufen	habe angerufen	
Plusquamperfekt	ich hatte angerufen	hätte angerufen	
Futur I	ich werde anrufen	werde anrufen	*usw. wie*
Futur II	ich werde angerufen haben	werde angerufen haben	*rufen*
Konditional I	ich würde anrufen	—	
Konditional II	ich würde angerufen haben	—	

PASSIV — **INDIKATIV**

Präsens	ich werde angerufen	
Präteritum	ich wurde angerufen	
Perfekt	ich bin angerufen worden	*usw. wie gerufen werden*
Plusquamperfekt	ich war angerufen worden	
Futur I	ich werde angerufen werden	
Futur II	ich werde angerufen worden sein	
Konditional I	ich würde angerufen werden	
Konditional II	ich würde angerufen worden sein	

KONJUNKTIV

Präsens	ich werde angerufen	
Präteritum	ich würde angerufen	
Perfekt	ich sei angerufen worden	*usw. wie gerufen werden*
Plusquamperfekt	ich wäre angerufen worden	
Futur I	ich werde angerufen werden	
Futur II	ich werde angerufen worden sein	
Konditional I	ich würde angerufen werden	
Konditional II	ich würde angerufen worden sein	

AKTIV   **nehmen** (e — a — o)

(mit Umlaut im Konjunktiv Präteritum)

Einfache Zeiten

INDIKATIV   **KONJUNKTIV**   **IMPERATIV**

Präsens	*Präteritum*	*Präsens* (*Konj. I*)	*Präteritum* (*Konj. II*)	
ich nehme	nahm	nehme	nähme	
du nimmst	nahmst	nehmest	nähmest	nimm!
er nimmt	nahm	nehme	nähme	
wir nehmen	nahmen	nehmen	nähmen	nehmen wir! laßt
ihr nehmt	nahmt	nehmet	nähmet	uns nehmen!
sie nehmen	nahmen	nehmen	nähmen	nehmt! nehmen Sie!

Infinitiv		**Partizip**	
Präsens	*Perfekt*	*Präsens*	*Perfekt*
nehmen	genommen haben	nehmend	genommen

INDIKATIV   **Zusammengesetzte Zeiten**

Perfekt	*Plusquamperfekt*	*Futur I*	*Futur II*
ich **habe** genommen	**hatte** genommen	werde nehmen	werde genommen haben
du **hast** genommen	**hattest** genommen	wirst nehmen	wirst genommen haben
er **hat** genommen	**hatte** genommen	wird nehmen	wird genommen haben
wir **haben** genommen	**hatten** genommen	werden nehmen	werden genommen haben
ihr **habt** genommen	**hattet** genommen	werdet nehmen	werdet genommen haben
sie **haben** genommen	**hatten** genommen	werden nehmen	werden genommen haben

Konditional I	*Konditional II*
ich würde nehmen	würde genommen haben
du würdest nehmen	würdest genommen haben
er würde nehmen	würde genommen haben
wir würden nehmen	würden genommen haben
ihr würdet nehmen	würdet genommen haben
sie würden nehmen	würden genommen haben

KONJUNKTIV

Perfekt (*Konj. I + P. P.*)	*Plusquamperfekt* (*Konj. II + P. P.*)	*Futur I* (*Konj. I + Inf.*)	*Futur II* (*Konj. II + Inf. Perf.*)
ich **habe** genommen	**hätte** genommen	werde nehmen	werde genommen haben
du **habest** genommen	**hättest** genommen	werdest nehmen	werdest genommen haben
er **habe** genommen	**hätte** genommen	werde nehmen	werde genommen haben
wir **haben** genommen	**hätten** genommen	werden nehmen	werden genommen haben
ihr **habet** genommen	**hättet** genommen	werdet nehmen	werdet genommen haben
sie **haben** genommen	**hätten** genommen	werden nehmen	werden genommen haben

PASSIV **genommen werden**

INDIKATIV   KONJUNKTIV   IMPERATIV

	INDIKATIV	KONJUNKTIV	IMPERATIV
Präsens	ich werde genommen	werde genommen	(werde) **sei** genommen!
Präteritum	ich wurde genommen	würde genommen	(werden wir) **seien wir** genommen!
			(werdet) **seid** genommen!
			(werden Sie) seien Sie genommen!

Infinitiv		**Partizip**	
Präsens	*Perfekt*	*Nezessativ*	*Perfekt*
genommen **werden**	genommen **worden** sein	**zu** nehm**end**	genommen

INDIKATIV   KONJUNKTIV

	INDIKATIV	KONJUNKTIV
Perfekt	ich bin genommen worden	sei genommen worden
Plusquamperfekt	ich war genommen worden	wäre genommen worden
Futur I	ich werde genommen werden	werde genommen werden
Futur II	ich werde genommen worden sein	werde genommen worden sein
Konditional I	ich würde genommen werden	—
Konditional II	ich würde genommen worden sein	—

ZUSTANDSPASSIV	**Infinitiv**	**Partizip Perfekt**
	genommen sein	genommen gewesen sein

Präsens	ich bin genommen	sei genommen
Präteritum	ich war genommen	wäre genommen
Perfekt	ich bin genommen gewesen	sei genommen gewesen
Plusquamperfekt	ich war genommen gewesen	wäre genommen gewesen
Futur I	ich werde genommen sein	werde genommen sein
Konditional I	ich würde genommen sein	—

KONJUNKTIV DER INDIREKTEN REDE

AKTIV *Gegenwart*	*Vergangenheit*	*Zukunft*
Man sagt,		
ich nähme	**hätte** genommen	**würde** nehmen
du nehmest	habest genommen	werdest nehmen
er nehme	habe genommen	werde nehmen
wir nähmen	**hätten** genommen	**würden** nehmen
ihr nehmet	habet (hättet) genommen	**würdet** nehmen
sie nähmen	**hätten** genommen	**würden** nehmen
Gegenwart und Zukunft auch: ich würde nehmen, du würdest nehmen *usw.*		

PASSIV		
ich **würde** genommen	sei genommen worden	**würde** genommen werden
	usw. wie gelobt werden	

Hilfsverben

sein

Einfache Zeiten

INDIKATIV		KONJUNKTIV		IMPERATIV

Präsens	Präteritum	Präsens (Konj. I)	Präteritum (Konj. II)	
ich bin	war	sei	wäre	
du bist	warst	sei(e)st	wärest	sei!
er ist	war	sei	wäre	seien wir!
wir sind	waren	seien	wären	laßt uns sein!
ihr seid	wart	seiet	wäret	seid!
sie sind	waren	seien	wären	seien Sie!

Infinitiv		Partizip	
Präsens	Perfekt	Präsens	Perfekt
sein	gewesen sein	seiend	gewesen

INDIKATIV Zusammengesetzte Zeiten

Perfekt	Plusquamperfekt	Futur I	Futur II
ich bin gewesen	war gewesen	werde sein	werde gewesen sein
du bist gewesen	warst gewesen	wirst sein	wirst gewesen sein
er ist gewesen	war gewesen	wird sein	wird gewesen sein
wir sind gewesen	waren gewesen	werden sein	werden gewesen sein
ihr seid gewesen	wart gewesen	werdet sein	werdet gewesen sein
sie sind gewesen	waren gewesen	werden sein	werden gewesen sein

	Konditional I		Konditional II
	ich würde sein		würde gewesen sein
	du würdest sein		würdest gewesen sein
	er würde sein		würde gewesen sein
	wir würden sein		würden gewesen sein
	ihr würdet sein		würdet gewesen sein
	sie würden sein		würden gewesen sein

KONJUNKTIV

Perfekt (Konj. I + P. P.)	Plusquamperfekt (Konj. II + P. P.)	Futur I (Konj. I + Inf.)	Futur II (Konj. I + Inf. Perf.)
ich sei gewesen	wäre gewesen	werde sein	werde gewesen sein
du seiest gewesen	wärest gewesen	werdest sein	werdest gewesen sein
er sei gewesen	wäre gewesen	werde sein	werde gewesen sein
wir seien gewesen	wären gewesen	werden sein	werden gewesen sein
ihr seiet gewesen	wäret gewesen	werdet sein	werdet gewesen sein
sie seien gewesen	wären gewesen	werden sein	werden gewesen sein

KONJUNKTIV DER INDIREKTEN REDE

Gegenwart	Vergangenheit	Zukunft
Man sagt,		
ich sei	sei gewesen	**würde** sein
du seiest	seiest gewesen	werdest sein
er sei	sei gewesen	werde sein
wir seien	seien gewesen	**würden** sein
ihr seiet	seiet gewesen	**würdet** sein
sie seien	seien gewesen	**würden** sein

haben

Einfache Zeiten

INDIKATIV		KONJUNKTIV		IMPERATIV
Präsens	*Präteritum*	*Präsens (Konj. I)*	*Präteritum (Konj. II)*	
ich habe	hatte	habe	hätte	
du hast	hattest	habest	hättest	habe! hab!
er hat	hatte	habe	hätte	haben wir! laßt
wir haben	hatten	haben	hätten	uns haben!
ihr habt	hattet	habet	hättet	habt! haben Sie!
sie haben	hatten	haben	hätten	

Infinitiv		**Partizip**	
Präsens	*Perfekt*	*Präsens*	*Perfekt*
haben	gehabt haben	habend	gehabt

INDIKATIV Zusammengesetzte Zeiten

Perfekt	*Plusquamperfekt*	*Futur I*	*Futur II*
ich habe gehabt	hatte gehabt	werde haben	werde gehabt haben
du hast gehabt	hattest gehabt	wirst haben	wirst gehabt haben
er hat gehabt	hatte gehabt	wird haben	wird gehabt haben
wir haben gehabt	hatten gehabt	werden haben	werden gehabt haben
ihr habt gehabt	hattet gehabt	werdet haben	werdet gehabt haben
sie haben gehabt	hatten gehabt	werden haben	werden gehabt haben

Konditional I	*Konditional II*
ich würde haben	würde gehabt haben
du würdest haben	würdest gehabt haben
er würde haben	würde gehabt haben
wir würden haben	würden gehabt haben
ihr würdet haben	würdet gehabt haben
sie würden haben	würden gehabt haben

KONJUNKTIV

Perfekt (Konj. I + P. P.)	Plusquamperfekt (Konj. II + P. P.)	Futur I (Konj. I + Inf.)	Futur II (Konj. I + Inf. Perf.)
ich habe gehabt	hätte gehabt	werde haben	werde gehabt haben
du habest gehabt	hättest gehabt	werdest haben	werdest gehabt haben
er habe gehabt	hätte gehabt	werde haben	werde gehabt haben
wir haben gehabt	hätten gehabt	werden haben	werden gehabt haben
ihr habet gehabt	hättet gehabt	werdet haben	werdet gehabt haben
sie haben gehabt	hätten gehabt	werden haben	werden gehabt haben

KONJUNKTIV DER INDIREKTEN REDE

Gegenwart	Vergangenheit	Zukunft
Man sagt,		
ich hätte	**hätte** gehabt	**würde** haben
du habest	habest gehabt	werdest haben
er habe	habe gehabt	werde haben
wir hätten	**hätten** gehabt	**würden** haben
ihr habet	habet (hättet) gehabt	**würdet** haben
sie hätten	**hätten** gehabt	**würden** haben

werden

Einfache Zeiten

INDIKATIV		KONJUNKTIV		IMPERATIV
Präsens	Präteritum	Präsens (Konj. I)	Präteritum (Konj. II)	
ich werde	wurde	werde	würde	
du wirst	wurdest (poet. wardst)	werdest	würdest	werde!
er wird	wurde (poet. ward)	werde	würde	
wir werden	wurden	werden	würden	werden wir!
ihr werdet	wurdet	werdet	würdet	laßt uns werden!
sie werden	wurden	werden	würden	werdet! werden Sie!

Infinitiv		**Partizip**	
Präsens	Perfekt	Präsens	Perfekt
werden	geworden sein	werdend	geworden

Zusammengesetzte Zeiten

INDIKATIV

Perfekt	Plusquamperfekt	Futur I	Futur II
ich bin geworden	war geworden	werde werden	werde geworden sein
du bist geworden	warst geworden	wirst werden	wirst geworden sein
er ist geworden	war geworden	wird werden	wird geworden sein
wir sind geworden	waren geworden	werden werden	werden geworden sein
ihr seid geworden	wart geworden	werdet werden	werdet geworden sein
sie sind geworden	waren geworden	werden werden	werden geworden sein

Konditional I	Konditional II
ich würde werden	würde geworden sein
du würdest werden	würdest geworden sein
er würde werden	würde geworden sein
wir würden werden	würden geworden sein
ihr würdet werden	würdet geworden sein
sie würden werden	würden geworden sein

KONJUNKTIV

Perfekt (Konj. I + P. P.)	Plusquamperfekt (Konj. II + P.P.)	Futur I (Konj. I + Inf.)	Futur II (Konj. I + Inf. Perf.)
ich sei geworden	wäre geworden	werde werden	werde geworden sein
du seiest geworden	wärest geworden	werdest werden	werdest geworden sein
er sei geworden	wäre geworden	werde werden	werde geworden sein
wir seien geworden	wären geworden	werden werden	werden geworden sein
ihr seiet geworden	wäret geworden	werdet werden	werdet geworden sein
sie seien geworden	wären geworden	werden werden	werden geworden sein

KONJUNKTIV DER INDIREKTEN REDE

Gegenwart	Vergangenheit	Zukunft
Man sagt,		
ich **würde**	sei geworden	**würde** werden
du werdest	seiest geworden	werdest werden
er werde	sei geworden	werde werden
wir **würden**	seien geworden	**würden** werden
ihr **würdet**	seiet geworden	**würdet** werden
sie **würden**	seien geworden	**würden** werden

Modalverben

wollen	**sollen**	**müssen**	**können**	**dürfen**	**mögen**
INDIKATIV		*Präsens*			
ich will	soll	muß	kann	darf	mag
du willst	sollst	mußt	kannst	darfst	magst
er will	soll	muß	kann	darf	mag
wir wollen	sollen	müssen	können	dürfen	mögen
ihr wollt	sollt	müßt	könnt	dürft	mögt
sie wollen	sollen	müssen	können	dürfen	mögen
KONJUNKTIV I					
ich wolle	solle	müsse	könne	dürfe	möge
du wollest	sollest	müssest	könnest	dürfest	mögest
er wolle	solle	müsse	könne	dürfe	möge
wir wollen	sollen	müssen	können	dürfen	mögen
ihr wollet	sollet	müsset	könnet	dürfet	möget
sie wollen	sollen	müssen	können	dürfen	mögen
INDIKATIV		*Präteritum*			
ich wollte	sollte	mußte	konnte	durfte	mochte
du wolltest	solltest	mußtest	konntest	durftest	mochtest
er wollte	sollte	mußte	konnte	durfte	mochte
wir wollten	sollten	mußten	konnten	durften	mochten
ihr wolltet	solltet	mußtet	konntet	durftet	mochtet
sie wollten	sollten	mußten	konnten	durften	mochten
KONJUNKTIV II					
ich wollte	sollte	müßte	könnte	dürfte	möchte
du wolltest	solltest	müßtest	könntest	dürftest	möchtest
er wollte	sollte	müßte	könnte	dürfte	möchte
wir wollten	sollten	müßten	könnten	dürften	möchten
ihr wolltet	solltet	müßtet	könntet	dürftet	möchtet
sie wollten	sollten	müßten	könnten	dürften	möchten

IMPERATIV nicht gebräuchlich; nur von **mögen** wird ein Imperativ mit den Formen des Konj. I gebildet:

mögest du (möget ihr, mögen Sie) *z. B. gesund bleiben*

Infinitiv		Partizip	
Präsens	*Perfekt*	*Präsens*	*Perfekt*
wollen	gewollt haben	wollend	gewollt
sollen	gesollt haben	sollend	gesollt
müssen	gemußt haben	müssend	gemußt
können	gekonnt haben	könnend	gekonnt
dürfen	gedurft haben	dürfend	gedurft
mögen	gemocht haben	mögend	gemocht

Zusammengesetzte Zeiten

als selbständige Verben	mit einem anderen Verb im Infinitiv
Perfekt	
ich habe [es] gewollt	ich habe [lesen] wollen
ich habe [es] gesollt	ich habe [lesen] sollen
ich habe [es] gemußt	ich habe [lesen] müssen
ich habe [es] gekonnt	ich habe [lesen] können
ich habe [es] gedurft	ich habe [lesen] dürfen
ich habe [es] gemocht	ich habe [lesen] mögen
Plusquamperfekt	
ich hatte [es] gewollt	ich hatte [lesen] wollen
ich hatte [es] gesollt	ich hatte [lesen] sollen
ich hatte [es] gemußt	ich hatte [lesen] müssen
ich hatte [es] gekonnt	ich hatte [lesen] können
ich hatte [es] gedurft	ich hatte [lesen] dürfen
ich hatte [es] gemocht	ich hatte [lesen] mögen
Futur I	
ich werde [es] wollen	ich werde [lesen] wollen
—	ich werde [lesen] sollen
ich werde [es] müssen	ich werde [lesen] müssen
ich werde [es] können	ich werde [lesen] können
ich werde [es] dürfen	ich werde [lesen] dürfen
ich werde [es] mögen	—
Futur II	
ich werde [es] gewollt haben	ich werde haben [lesen] wollen
ich werde [es] gesollt haben	—
—	ich werde haben [lesen] müssen
ich werde [es] gekonnt haben	ich werde haben [lesen] können
ich werde [es] gedurft haben	ich werde haben [lesen] dürfen
ich werde [es] gemocht haben	ich werde haben [lesen] mögen
Konditional I	
ich würde [es] wollen	ich würde [lesen] wollen
—	—
ich würde [es] müssen	ich würde [lesen] müssen
ich würde [es] können	ich würde [lesen] können
ich würde [es] dürfen	ich würde [lesen] dürfen
ich würde [es] mögen	ich würde [lesen] mögen
Konditional II	
ich würde [es] gewollt haben	ich würde haben [lesen] wollen
—	—
ich würde [es] gemußt haben	ich würde haben [lesen] müssen
ich würde [es] gekonnt haben	ich würde haben [lesen] können
ich würde [es] gedurft haben	ich würde haben [lesen] dürfen
ich würde [es] gemocht haben	ich würde haben [lesen] mögen

Ablautreihen

Nach den Vokalen in drei Verbformen unterscheidet man drei Gruppen:

	Präsens	**Präteritum**	**Partizip**	
a) drei verschiedene Vokale:				
	nehmen	nahm	genommen	1–2–3
b) der Vokal im Präteritum ist gleich dem Vokal im Partizip:				
	bleiben	blieb	geblieben	1–2–2
c) der Vokal im Präsens ist gleich dem Vokal im Partizip:				
	rufen	rief	gerufen	1–2–1

Ablautreihe nach dem Muster 1–2–3

1		2		3
e (ä)		**a**		**o**
gebären	sie gebärt (gebiert) gebär(e)! (gebier!)	gebar	gebäre	geboren
befehlen	er befiehlt befiehl!	befahl	beföhle (befähle)	befohlen
empfehlen	er empfiehlt empfiehl!	empfahl	empföhle (empfähle)	empfohlen
stehlen	er stiehlt stiehl!	stahl	stöhle (stähle)	gestohlen
nehmen	er nimmt nimm!	nahm	nähme	genommen
brechen	er bricht brich!	brach	bräche	gebrochen *v/i Das Eis* ist *gebrochen*
sprechen	er spricht sprich!	sprach	spräche	gesprochen
stechen	er sticht stich!	stach	stäche	gestochen
gelten	er gilt (gilt!)	galt	gölte (gälte)	gegolten
schelten	er schilt schilt!	schalt	schölte	gescholten
verderben	er verdirbt verdirb!	verdarb	verdürbe	verdorben *v/i* ist *verdorben*
werben	er wirbt wirb!	warb	würbe	geworben
sterben	er stirbt stirb!	starb	stürbe	ist gestorben
helfen	er hilft hilf!	half	hülfe (hälfe)	geholfen
treffen	er trifft triff!	traf	träfe	getroffen

bergen	er birgt birg!	barg	bärge	geborgen
bersten	er birst, du birst birst!	barst barstest	bärste	**ist** geborsten
erschrecken	er erschrickt erschrick!	erschrak	erschräke	**ist** erschrocken
werfen	er wirft wirf!	warf	würfe	geworfen

ä		**i**		**a**
hängen	er hängt häng(e)!	hing		gehangen

e		**i**		**a**
gehen	er geht geh(e)!	ging	ginge	gegangen

i		**a**		**o**
beginnen	er beginnt beginn(e)!	begann	begönne (begänne)	begonnen
gewinnen	er gewinnt gewinn(e)!	gewann	gewönne (gewänne)	gewonnen
rinnen	er rinnt rinn(e)!	rann	ränne (rönne)	**ist** geronnen
sinnen	er sinnt sinn(e)!	sann	sänne (sönne)	gesonnen
spinnen	er spinnt spinn(e)!	spann	spönne (spänne)	gesponnen
schwimmen	er schwimmt schwimm(e)!	schwamm	schwömme (schwämme)	hat, ist geschwommen

i		**a**		**u**
binden	er bindet bind(e)!	band bandest	bände	gebunden
finden	er findet find(e)!	fand fandest	fände fändest	gefunden
winden	er windet winde!	wand wandest	wände wändest	gewunden
schwinden	er schwindet schwind(e)!	schwand schwand(e)st	schwände schwändest	**ist** geschwunden
dringen	er dringt dring(e)!	drang	dränge *v/i ist gedrungen*	gedrungen
dingen	er dingt ding(e)!	(dang) dingte	(dänge) dingte	gedungen (gedingt)
gelingen	es gelingt geling(e)!	gelang	gelänge	**ist** gelungen

35

klingen	es klingt	klang	klänge	geklungen
	kling(e)!			
mißlingen	es mißlingt	mißlang	mißlänge	ist mißlungen
ringen	er ringt	rang	ränge	gerungen
	ring(e)!			
singen	er singt	sang	sänge	gesungen
	sing(e)!			
springen	er springt	sprang	spränge	ist gesprungen
	spring(e)!			
schlingen	er schlingt	schlang	schlänge	geschlungen
	schling(e)!			
schwingen	er schwingt	schwang	schwänge	geschwungen
	schwing(e)!			
sinken	er sinkt	sank	sänke	ist gesunken
	sink(e)!			
stinken	er stinkt	stank	stänke	gestunken
	stink(e)!			
trinken	er trinkt	trank	tränke	getrunken
	trink(e)!			
wringen	er wringt	wrang	wränge	gewrungen
	wring(e)!			
zwingen	er zwingt	zwang	zwänge	gezwungen
	zwing(e)!			

i		a		e
bitten	er bittet	bat	bäte	gebeten
	bitte!			
sitzen	er sitzt	saß	säße	gesessen [ɛ]
	du sitzt (sitzest)	saßest		
	sitz(e)!			

ie		a		e
liegen	er liegt	lag	läge	gelegen
	lieg(e)!			

Ablautreihe 1–2–2

ä		o		o
gären	er gärt	gor	göre	hat *od.* ist gegoren
	gär(e)!	(gärte)	(gärte)	
erwägen	er erwägt	erwog	erwöge	erwogen
	erwäg(e)!			

au		o		o
saufen	er säuft	soff	söffe	gesoffen
	sauf(e)!			

saugen	er saugt	sog	söge	gesogen
	saug(e)!	(saugte)		(gesaugt)
schnauben	er schnaubt	schnaubte	schnaubte	geschnaubt
	schnaub(e)!	(schnob)	(schnöbe)	(geschnoben [oː])

e		**a**		**a**
stehen	er steht	stand	stünde, stände	gestanden
	steh(e)!			

e		**o**		**o**
bewegen	er bewegt	bewog	bewöge	bewogen
	beweg(e)!			
pflegen	er pflegt	(pflog)	(pflöge)	(gepflogen)
	pfleg(e)!	pflegte	pflegte	gepflegt
scheren	er schert	schor	schöre	geschoren
	scher(e)!	(scherte)	(scherte)	(geschert)
heben	er hebt	hob	höbe	gehoben
	heb(e)!			
weben	er webt	webte	webte	gewebt
	web(e)!	*fig.* wob	*fig.* wöbe	*fig.* gewoben

e		**o**		**o**
dreschen	er drischt	drosch	drösche	gedroschen
	du drischst	(drasch)		
	drisch!			
fechten	er ficht	focht	föchte	gefochten
	ficht!	du focht(e)st		
flechten	er flicht	flocht	flöchte	geflochten
	flicht!	du flochtest		
melken	er melkt (milkt)	(molk)	(mölke)	gemolken
	melk(e)! (milk!)	melkte	melkte	(gemelkt)
quellen	er quillt	quoll	quölle	gequollen
	quill!			
schmelzen	er schmilzt	schmolz	schmölze	geschmolzen
	schmilz!			
schwellen	er schwillt	schwoll	schwölle	geschwollen
	schwill!			

ei		**i**		**i**
beißen	er beißt	biß	bisse	gebissen
	du beißt (beißest)	bissest		
	beiß(e)!			
bleichen	er bleicht	blich	bliche	ist geblichen
	bleich(e)!			
gleichen	er gleicht	glich	gliche	geglichen
	gleich(e)!			

gleiten	er gleitet	glitt	glitte	ist geglitten
	gleit(e)!			
greifen	er greift	griff	griffe	gegriffen
	greif(e)!			
kneifen	er kneift	kniff	kniffe	gekniffen
	kneif(e)!			
leiden	er leidet	litt	litte	gelitten
	du leidest	littst, littest		
	leid(e)!			
pfeifen	er pfeift	pfiff	pfiffe	gepfiffen
	pfeif(e)!			
reißen	er reißt	riß	risse	gerissen
	du reißt (reißest)	rissest		
	reiß(e)!			
reiten	er reitet	ritt	ritte	ist geritten
	du reitest reit(e)!	rittst, rittest		
scheißen	er scheißt	schiß	schisse	geschissen
	du scheißt	schissest		
	scheiß(e)!			
schleichen	er schleicht	schlich	schliche	ist geschlichen
	schleich(e)!			
schleifen	er schleift	schliff	schliffe	geschliffen
	schleif(e)!			
schleißen	er schleißt	schliß	schlisse	geschlissen
	du schleißt,	schlissest		
	schleißest			
	schleiß(e)!			
schmeißen	er schmeißt	schmiß	schmisse	geschmissen
	du schmeißt,	schmissest		
	schmeißest			
	schmeiß(e)!			
schneiden	er schneidet	schnitt	schnitte	geschnitten
	schneid(e)!			
schreiten	er schreitet	schritt	schritte	geschritten
	schreit(e)!			
spleißen	er spleißt	spliß	splisse	gesplissen
	du spleißt, spleißest	splissest		
	spleiß(e)!			
streichen	er streicht	strich	striche	gestrichen
	streich(e)!			*v/i* **ist *gestrichen***
streiten	er streitet	stritt	stritte	gestritten
	streit(e)!			
weichen	er weicht	wich	wiche	ist gewichen
	weich(e)!			

ei		ie	ie	ie
bleiben	er bleibt bleib(e)!	blieb	bliebe	geblieben
gedeihen	er gedeiht gedeih(e)!	gedieh	gediehe	gediehen
leihen	er leiht leih(e)!	lieh	liehe	geliehen
meiden	er meidet du meidest meid(e)!	mied miedest, miedst	miede	gemieden
preisen	er preist du preist (preisest) preis(e)!	pries priesest	priese	gepriesen
reiben	er reibt reib(e)!	rieb	riebe	gerieben
scheiden	er scheidet du scheidest scheid(e)!	schied schiedest (schiedst)	schiede	ist geschieden
scheinen	er scheint schein(e)!	schien	schiene	geschienen
schreien	er schreit du schreist schrei(e)!	schrie schriest schrieest	schriee	geschrie(e)n
schreiben	er schreibt schreib(e)!	schrieb	schriebe	geschrieben
schweigen	er schweigt schweig(e)!	schwieg	schwiege	geschwiegen
speien	er speit du speist spei(e)!	spie spiest spieest	spiee	gespie(e)n
steigen	er steigt steig(e)!	stieg	stiege	ist gestiegen
treiben	er treibt treib(e)!	trieb	triebe	getrieben *v/i* **ist** *getrieben*
weisen	er weist du weist (weisest) weis(e)!	wies wiesest	wiese wiesest	gewiesen
zeihen	er zeiht du zeihst zeih(e)!	zieh zieh(e)st	ziehe ziehest	geziehen

ie		o [o:]		o [o:]
biegen	er biegt bieg(e)!	bog	böge	gebogen

bieten	er bietet	bot	böte	geboten
	biet(e)!			
erkiesen	er erkiest	erkor	erköre	erkoren
	du erkiesest			
	erkies(e)!			
fliegen	er fliegt	flog	flöge	ist geflogen
	flieg(e)!			*v/i* **hat** (*mich*) *geflogen*
fliehen	er flieht	floh	flöhe	ist geflohen
	flieh(e)!			*v/i* **hat** (*mich*) *geflohen*
frieren	er friert	fror	fröre	gefroren
	frier(e)!			
schieben	er schiebt	schob	schöbe	geschoben
	schieb(e)!			
stieben	er stiebt	stob	stöbe	ist *od.* hat gestoben
	stieb(e)!			
verlieren	er verliert	verlor	verlöre	verloren
	verlier(e)!			
wiegen	er wiegt	wog	wöge	gewogen
	wieg(e)!			
ziehen	er zieht	zog	zöge	gezogen
	zieh(e)!			*v/i* **ist** *gezogen*

ie		**o** [ɔ]		**o** [ɔ]
fließen	er fließt	floß	flösse	ist geflossen
	du fließt (fließest)	flossest		
	fließ(e)!			
genießen	er genießt	genoß	genösse	genossen
	du genießt,	genossest		
	(genießest)			
	genieß(e)!			
gießen	er gießt	goß	gösse	gegossen
	du gießt (gießest)	gossest		
	gieß(e)!			
kriechen	er kriecht	kroch	kröche	gekrochen
	kriech(e)!			
riechen	er riecht	roch	röche	gerochen
	riech(e)!			
schießen	er schießt	schoß	schösse	geschossen
	du schießt,	schossest		*v/i* **ist** *geschossen*
	(schießest)			
	schieß(e)!			
schließen	er schließt	schloß	schlösse	geschlossen
	du schließt,	schlossest		
	(schließest)			
	schließ(e)!			

sprießen	er sprießt du sprießt, (sprießest) sprieß(e)!	sproß sprossest	sprösse	ist gesprossen
triefen	er trieft trief(e)!	troff	tröffe	(getroffen) getrieft
verdrießen	es verdrießt mich	verdroß	verdrösse	verdrossen
glimmen	er glimmt glimm(e)!	glomm	glömme	geglommen
klimmen	er klimmt klimm(e)!	klomm	klömme	geklommen

| **i** | | **u** | **u** | |
| schinden | er schindet
schind(e)! | (schund)
schindete | (schünde)
schindete | geschunden |

| **ie** | | **o** | | **o** |
| sieden | er siedet
sied(e)! | sott,
siedete | sötte,
siedete | gesotten |

ö		**o**		**o**
löschen	er lischt du lisch(e)st lisch!	losch losch(e)st	lösche	ist (geloschen) erloschen verloschen
schwören	er schwört schwör(e)!	schwor	schwüre	geschworen

| **u** | | **a** | | **a** |
| tun | ich tu(e)   wir tun
du tust   ihr tut
er tut   sie tun
tuend   tu(e)! | tat
du tat(e)st | täte | getan |

ü		**o**		**o**
lügen	er lügt lüg(e)!	log	löge	gelogen
trügen	er trügt trüg(e)!	trog	tröge	getrogen

Ablautreihen 1–2–1

a		i		a
blasen	er bläst	blies	bliese	geblasen
	du bläst (bläsest)	bliesest		
	blas(e)!			
braten	er brät	briet	briete	gebraten
	du brätst	briet(e)st		
	brat(e)!			
raten	er rät	riet	riete	geraten
	du rätst	riet(e)st		
	rat(e)!			
geraten	er gerät	geriet	geriete	geraten
	du gerätst	geriet(e)st		
	gerat(e)!			
schlafen	er schläft	schlief	schliefe	geschlafen
	schlaf(e)!			
fallen	er fällt	fiel	fiele	gefallen
	fall(e)!			
halten	er hält	hielt	hielte	gehalten
	du hältst	hielt(e)st		
	halt(e)!			
lassen	er läßt	ließ	ließe	gelassen
	du läßt (lässest)			
	laß! lasse!			

Infinitiv + lassen
s. Modalverben (*er* **hat**
mich kommen **lassen**)

fangen	er fängt	fing	finge	gefangen
	fang(e)!			

---

a		o		o
schallen	er schallt	(scholl)	(schölle)	(geschollen)
	schall(e)!	schallte	schallte	geschallt

---

a		u		a
backen	er bäckt, backt	(buk)	(büke)	gebacken
	back(e)!	backte	backte	
fahren	er fährt	fuhr	führe	gefahren
	fahr(e)!			*v/t* **hat** (*mich*) *gefahren*
graben	er gräbt	grub	grübe	gegraben
	grab(e)!			
laden	er lädt (ladet)	lud	lüde	geladen
	du lädst (ladest)	lud(e)st		
	lad(e)!			
schaffen	er schafft	schuf	schüfe	geschaffen
	schaff(e)!			

schlagen	er schlägt schlag(e)!	schlug	schlüge	geschlagen
tragen	er trägt trag(e)!	trug	trüge	getragen
wachsen	er wächst du wächst (wächsest) wachs(e)!	wuchs [uː] wuchsest	wüchse	gewachsen
waschen	er wäscht du wäschst (wäschest) wasch(e)!	wusch [uː] wuschest	wüsche	gewaschen

ä		**i**		**a**
hängen (hangen)	er hängt häng(e)!	hing	hinge	gehangen

au		**ie**		**au**
laufen	er läuft lauf(e)!	lief	liefe	gelaufen
hauen	er haut hau(e)!	(hieb) haute	(hiebe)	gehauen

e [ɛ]			**a**		**e**
essen	ich esse du ißt (issest) er ißt iß!	wir essen ihr eßt sie essen	er aß du aßest	äße	gegessen
fressen	ich fresse du frißt (frissest) er frißt friß!	wir fressen ihr freßt sie fressen	er fraß du fraßest	fräße	gefressen
messen	ich messe du mißt (missest) er mißt miß!	wir messen ihr meßt sie messen	er maß du maßest	mäße	gemessen
vergessen	er vergißt du vergißt (vergissest) vergiß!		vergaß vergaßest	vergäße	vergessen
stecken	er steckt steck(e)!		(stak) steckte	(stäke) steckte	gesteckt

e [eː]		a		e
geben	er gibt gib!	gab	gäbe	gegeben
genesen	er genest du genest (genesest) genese!	genas	genäse	genesen
geschehen	es geschieht	geschah	geschähe	ist geschehen
sehen	er sieht sieh(e)!	sah	sähe	gesehen
treten	er tritt du trittst tritt!	trat tratst, tratest	träte	getreten
lesen	er liest du liest (liesest) lies!	las	läse	gelesen

ei		ie		ei
heißen	er heißt du heißt (heißest) heiß(e)!	hieß hießest	hieße	geheißen

o		a		o
kommen	er kommt komm(e)!	kam	käme	gekommen

o		ie		o
stoßen	er stößt du stößt (stößest) stoß(e)!	stieß stießest	stieße	gestoßen *v/i* ist *gestoßen*

u		ie		u
rufen	er ruft ruf(e)!	rief	riefe	gerufen

Gemischte Verben — Ablautreihe 1–2–2

e		**a**		**a**
kennen	er kennt kenn(e)!	kannte	kennte	gekannt
brennen	er brennt brenn(e)!	brannte	brennte	gebrannt
nennen	er nennt nenn(e)!	nannte	nennte	genannt
rennen	er rennt renn(e)!	rannte	rennte	gerannt
senden	er sendet send(e)!	sandte sendete	sendete	gesandt gesendet
wenden	er wendet wende!	wandte wendete	wendete	gewendet gewandt
denken	er denkt denk(e)!	dachte	dächte	gedacht

i		**a**		**a**
bringen	er bringt bring(e)!	brachte	brächte	gebracht

i			**u**		**u**
wissen	ich weiß	wir wissen	wußte	wüßte	gewußt
	du weißt	ihr wißt			
	er weiß	sie wissen			
	wisse!				

i		**eu**		**eu**
dünken	es dünkt mich (mir)	deuchte	deuchte	gedeucht
	es deucht mich (mir)	dünkte	dünkte	gedünkt

Endungen wie bei den
schwachen Verben, z. B.

lobte	lobte
lobtest	lobtest *usw.*

oder:

redete	redete
	usw.

Liste der wichtigsten Verben mit Rektionen

A

aalen: sich *(A)*
mst. in *D* — 14

aasen mit *D* — 16

'ab|arbeiten *A;*
sich *(A)* ~ — 15

'ab|bauen *A; a. v/i* — 10

'ab|bekommen *A*
(P. P. 'ab-
bekommen) — 44, 26

'ab|berufen *A* von *D*
(P. P. 'abberufen) — 25

'ab|bestellen *A*
(P. P. 'abbestellt) — 10

'ab|bezahlen *A*
(P. P. 'abbezahlt) — 10

'ab|bilden *A* — 15

'ab|blenden *A* — 15

'ab|brechen *A;*
v/i (sein) — 34, 26

'ab|brennen *A;*
v/i (sein) — 45

'ab|bringen j-n von *D* — 45

'ab|drehen *A* — 10

'ab|drucken *A* — 10

'ab|erkennen j-m etw.
(P. P. 'aberkannt) — 45

'ab|fahren *A; v/i*
(sein) — 42, 26

'ab|fallen *v/i* (sein) — 42, 25

'ab|fangen *A* — 42, 25

'ab|fassen *A* — 17

'ab|fertigen *A* — 10

'ab|fliegen *v/i* (sein) — 40, 26

'ab|fragen *A;* j-m etw. — 10

'ab|führen *A* — 10

'ab|geben *A;* sich *(A)*
mit *D* — 44, 26

'ab|gehen *v/i* (sein) — 35, 25

'ab|gewöhnen j-m etw.;
sich *(D)* etw. ~
(P. P. 'abgewöhnt) — 10

'ab|gucken j-m etw. — 10

'ab|halten *A;* j-n von
D — 42, 25

'ab|hängen von *D;*
A — 6; 35, 25

'ab|härten *A;* sich *(A)* ~
gegen *A* — 15

'ab|helfen *D* — 34, 26

'ab|holen *A: mst.* von *D* — 10

'ab|hören j-m etw. *od.*
j-n; *A* — 10

'ab|kaufen j-m etw. — 10

'ab|klappern *A* — 19

'ab|kommen (sein)
von *D* — 44, 26

'ab|kürzen *A* — 17

'ab|laden *A* — 42, 26

'ab|lassen *A;* von *D* — 42, 25

'ab|laufen *v/i* (sein);
A — 43, 25

'ab|legen *A* — 10

'ab|lehnen *A* — 10

'ab|lenken *A;* j-n von *D* — 10

'ab|leugnen *A* — 19

'ab|liefern (j-m) etw. — 19

'ab|machen *A* — 10

'ab|melden j-n von *D*,
bei *D;* sich *(A)* ~ — 15

'ab|nehmen *A;* j-m etw. — 26

'ab|nutzen *A* — 17

abonnieren *A* — 20

'ab|ordnen j-n zu *D* — 19

'ab|raten j-m von *D* — 42, 25

'ab|rechnen *A; v/i* — 19

'ab|reisen *v/i* (sein) — 16

'ab|reißen *A; v/i*
(sein) — 38, 25

'ab|rüsten *v/i* — 15

'ab|sagen *A* — 10

'ab|schaffen *A* — 10

'ab|schalten *A* — 15

'ab|schicken *A* — 10

'ab|schießen *A* — 40, 26

'ab|schirmen *A* gegen *A* — 10

'ab|schlagen *A* — 43, 26

'ab|schließen *A;* sich *(A)*
~ von *D;* gegen *A* — 40, 26

'ab|schneiden *A* — 38, 25

'ab|schreiben *A* — 39, 25

'ab|schwächen *A;* sich
(A) ~ — 10

'ab|schweifen von *D*
(sein) — 12

'ab|schwellen *v/i*
(sein) — 37, 26

'ab|sehen etw. von *D* — 44, 26

'ab|senden *A* — 45

'ab|setzen *A;* sich *(A)* ~ — 17

'ab|sperren *A;* sich *(A)*
~ von *D* — 10

'ab|spielen *A;* sich *(A)*
~ — 10

'ab|sprechen j-m etw.;
A — 34, 26

'ab|stammen von *D* — 10

'ab|stechen *A; v/i*
gegen *A,* von *D* — 34, 26

'ab|steigen *v/i* (sein)
von *D;* in, bei *D* — 39, 25

'ab|stellen *A* — 10

'ab|stimmen über *A* — 10

'ab|stoßen *A* — 44, 25

'ab|streiten *A* — 38, 25

'ab|stürzen *v/i* (sein) — 17

'ab|tragen *A* — 43, 26

'ab|treiben *A; v/i*
(sein) — 39, 25

'ab|trennen *A* — 10

'ab|treten j-m, an j-n
etw.; *v/i* (sein) — 44, 26

'ab|trocknen *A;* sich
(A) ~; *v/i* (sein) — 19

'ab|wandern *v/i* (sein) — 19

'ab|warten *A* — 15

'ab|waschen *A* — 43, 26

'ab|wechseln *v/i;* sich
(A) ~ — 18

'ab|weichen *v/i* (sein)
von *D* — 38, 25

'ab|werten *A* — 15

'ab|wickeln *A* — 18

'ab|zahlen *A* — 10

'ab|zeichnen *A;* sich
(A) ~ — 19

'ab|ziehen *A; v/i*
(sein) — 40, 26

achten *A;* auf *A* 15
'acht|geben auf *A* 44, 26
ächzen *v/i* 17
addieren *A* 20
adressieren etw. an *A* 20
ahnden *A* 15
ähneln *D* 18
ahnen *A* 6
altern *v/i* (sein) 19
amüsieren j-n; sich *(A)*
  ~ über *A* 20
'an|bauen *A* 10
'an|beraumen *A*
  (P. P. 'anberaumt) 10
'an|beten *A* 15
'an|bieten j-m etw. 40, 26
'an|binden etw. an *A* 35, 26
'an|blicken *A* 10
'an|brechen *A; v/i*
  (sein) 34, 26
ändern *A;* sich *(A)* ~ 19
'an|deuten *A* 15
'an|drehen *A;* j-m etw. 10
'an|eignen; sich *(D)*
  etw. ~ 19
'an|erkennen *A* (als *A)*
  (P. P. 'anerkannt) 45
'an|fahren *A; v/i*
  (sein) 42, 26
'an|fallen j-n; *v/i*
  (sein) 42, 25
'an|fangen *A od.* ~
  mit *D* 42, 25
'an|fassen *A* 17
'an|fechten *A* 37, 25
'an|fertigen *A* 10
'an|geben j-m etw.; *A* 44, 26
'an|gehen j-n um
  (mst. sein); *v/i*
  (sein) 35, 25
'an|gehören *D*
  (P. P. 'angehört) 10
angeln *A* 18
'an|gewöhnen j-m etw.;
  sich *(D)* etw. ~
  (P. P. 'angewöhnt) 10
'an|gleichen *A, D* 37, 25
'an|greifen *A* 38, 25
ängstigen *A;* sich *(A)*
  ~ um *A* 6

'an|haben *A* 29
'an|haften *A* 15
'an|halten *A* 42, 25
'an|häufen *A;* sich
  (A) ~ 10
'an|heben *A* 37, 26
'an|hören *A* 10
'an|klagen j-n *G od.*
  wegen *G* (vor *D)* 10
'an|kleiden *A;* sich
  (A) ~ 15
'an|klopfen *v/i* an *A* 10
'an|knipsen *A* 16
'an|knüpfen *A;* an *A* 10
'an|kommen in *D* 44, 26
'an|kreuzen *A* 17
'an|kündigen j-m etw. 10
'an|langen *v/i* (sein) 10
'an|legen *A;* j-m etw.;
  an *D* 10
'an|lehnen etw. an *A;*
  sich *(A)* ~ an *A* 10
'an|lernen *A* 10
'an|machen *A* 10
'an|maßen: sich *(D)*
  etw. ~ 17
'an|melden *A;* sich *(A)*
  ~ in *D,* bei *D* 15
'an|merken *A;* j-m etw. 10
'an|nähen etw. an *A* 10
'an|nehmen *A;* sich
  (A) – G ~ 26
'an|ordnen *A* 19
'an|passen *A-D;* sich
  (A) – D ~ 17
'an|probieren *A* 20
'an|rechnen *A* 19
'an|reden 15
'an|regen *A;* j-n zu *D* 10
'an|reizen *A* zu *D* 17
'an|richten *A* 15
'an|rufen *A* 25
'an|rühren *A* 10
'an|sagen *A* 10
'an|schaffen *A;* sich
  (D) etw. ~ 10
'an|schalten *A* 15
'an|schauen *A;* sich
  (D) etw. ~ 10

'an|schicken: sich *(A)*
  ~, zu + *Inf.* 10
'an|schlagen *A; v/i* es
  schlägt an 43, 26
'an|schließen *A;* sich *(A)*
  j-m *od.* an j-n ~ 40, 26
'an|schneiden *A* 38, 25
'an|schreiben *A* 39, 25
'an|schreien *A* 39, 25
'an|schwellen *v/i*
  (sein) 37, 26
'an|sehen *A;* j-m etw.;
  sich *(D)* etw. *(A)* ~ 44, 26
'an|setzen *A; v/i* (zu *D)* 17
'an|spannen *A* 10
'an|sprechen *A* 34, 26
'an|starren *A* 10
'an|stecken (j-m) etw.;
  j-n mit *D* 10
'an|stehen *v/i (D)* 37, 26
'an|steigen *v/i* (sein) 39, 25
'an|stellen *A;* sich
  (A) ~ 10
'an|stiften j-n zu *D* 15
'an|stimmen *A* 10
'an|stoßen *A; v/i*
  (sein) 44, 25
'an|streichen *A* 38, 25
'an|strengen *A;* sich
  (A) ~ 10
'an|treffen *A* 34, 26
'an|treiben *A; v/i*
  (sein) 39, 25
'an|treten *A; v/i*
  (sein) 39, 26
'an|tun j-m etw.; sich
  (D) etw. ~ 41, 26
antworten j-m; auf
  etw. 15
'an|vertrauen j-m etw. 10
'an|weisen j-m etw.;
  j-n ..., zu + *Inf.* 39, 25
'an|wenden *A* 45
'an|werben j-n 34, 26
'an|zahlen *A* 10
'an|zeigen *A* (wegen *G)* 10
'an|zetteln *A* 18
'an|ziehen *A;* sich
  (A) ~ 40, 26
'an|zünden *A* 15

appellieren an *A*	20	
applaudieren *v/i*	20	
arbeiten an *D*	15	
ärgern *A;* sich *(A)* ~		
über *A*	19	
aß, äße *s.* essen		
atmen *v/i; a. A*	19	
ˈauf|atmen *v/i*	19	
ˈauf|bauen *A*	10	
ˈauf|bewahren *A*		
(*P. P.* auf bewahrt)	10	
ˈauf|**bleiben** *v/i*		
(sein)	39, 25	
ˈauf|blühen *v/i* (sein)	10	
ˈauf|brausen *v/i* (sein)	16	
ˈauf|**brechen** *A; v/i*		
(sein)	34, 26	
ˈauf|bürden j-m etw.	15	
ˈauf|drehen *A*	10	
ˈauf|erlegen j-m etw.	10	
ˈauf|**essen** *A*	43, 26	
ˈauf|**fallen** *D* (sein)	42, 25	
ˈauf|**fangen** *A*	42, 25	
ˈauf|fassen *A*	17	
ˈauf|**finden** *A*	35, 26	
ˈauf|fordern *A*	19	
ˈauf|führen *A*	10	
ˈauf|**geben** *A; a. v/i*	44, 26	
ˈauf|**gehen** *v/i* (sein)		
in *D*	35, 25	
ˈauf|**haben** *A*	29	
ˈauf|**halten** *A;* sich		
(A) ~ (über *A*)	42, 25	
ˈauf|**hängen** *A*	35, 25	
ˈauf|**heben** *A*	37, 26	
ˈauf|heitern *A;* sich		
(A) ~	19	
ˈauf|hören mit etw. *(D)*	10	
ˈauf|klären *A* (über *A*);		
sich *(A)* ~	10	
ˈauf|**laden** *A;* j-m		
etw.	42, 26	
ˈauf|lauern *D*	19	
ˈauf|leben *v/i* (sein)	10	
ˈauf|legen *A*	10	
ˈauf|lehnen: sich *(A)*		
gegen *A*	10	
ˈauf|lösen *A;* sich		
(A) ~	16	

ˈauf|machen *A;* sich		
(A) ~	10	
ˈauf|muntern j-n	19	
ˈauf|**nehmen** *A*	26	
ˈauf|opfern: sich		
(A) ~ für *A*	19	
ˈauf|passen auf *A*	17	
ˈauf|prallen *v/i* (sein)		
auf *A/D*	10	
ˈauf|putschen *A*	10	
ˈauf|raffen *A;* sich		
(A) ~	10	
ˈauf|räumen *A;* mit *D*	10	
ˈaufrecht|**erhalten** *A*		
(*P. P.* aufrechter-		
halten)	42, 25	
ˈauf|regen *A;* sich		
(A) ~ über *A*	10	
ˈauf|**reiben** *A*	39, 25	
ˈauf|richten *A;* sich		
(A) ~	15	
ˈauf|**rufen** *A* zu *D*	25	
ˈauf|rüsten *v/i*	15	
ˈauf|sagen *A*	10	
ˈauf|schauen *v/i*		
(zu *D*, j-m)	10	
ˈauf|**schieben** *A*	40, 26	
ˈauf|**schlagen** *A; v/i*		
(sein)	43, 26	
ˈauf|**schließen** *A*	40, 26	
ˈauf|**schneiden** *A;*		
a. v/i	38, 25	
ˈauf|**schreiben** *A;* j-n	39, 25	
ˈauf|schwemmen *A*	10	
ˈauf|**sehen** *v/i*		
(zu j-m)	44, 26	
ˈauf|setzen *A*	17	
ˈauf|spielen *v/i* (zu *D*);		
sich *(A)* ~	10	
ˈauf|**springen** *v/i*		
(sein)	36, 26	
ˈauf|**stehen** *v/i* (sein);		
(*offen*stehen:		
haben)	37, 26	
ˈauf|**steigen** *v/i* (sein)	39, 25	
ˈauf|**stellen** *A*	10	
ˈauf|**stoßen** *A; v/i;* sich		
(D) etw. ~	44, 25	
ˈauf|suchen *A*	10	
ˈauf|tauchen *v/i* (sein)	10	

ˈauf|tauen *A; v/i* (sein)	10	
ˈauf|**treiben** *A*	39, 25	
ˈauf|**treten** *v/i* (sein)	44, 26	
ˈauf|wachen *v/i* (sein)	10	
ˈauf|**wachsen** *v/i*		
(sein)	43, 26	
ˈauf|wärmen *A;* sich		
(A) ~	10	
ˈauf|wecken *A*	10	
ˈauf|**wenden** *A*	45	
ˈauf|werten *A*	10	
ˈauf|wiegeln j-n gegen *A*	18	
ˈauf|zählen *A*	10	
ˈauf|zeichnen *A*	19	
ˈauf|**ziehen** *A; v/i*		
(→ sein)	40, 26	
ˈauf|**zwingen** j-m etw.	36, 26	
ˈaus|arbeiten *A*	15	
ˈaus|atmen *v/i u. A*	19	
ˈaus|bauen *A*	10	
ˈaus|bessern *A*	19	
ˈaus|beuten *A*	15	
ˈaus|bilden *A*	15	
ˈaus|**bleiben** *v/i* (sein)	39, 25	
ˈaus|**brechen** *A; v/i*		
(→ sein)	34, 26	
ˈaus|breiten *A;* sich		
(A) ~	15	
ˈaus|**brennen** *v/i* (sein)	45	
ˈaus|dehnen *A;* sich		
(A) ~	10	
ˈaus|**denken**: sich *(D)*		
etw. ~	45	
ˈaus|drücken *A;*		
sich *(A)* ~	10	
auseinˈander|setzen j-m		
etw.; sich *(A)* ~		
mit *D*	17	
ˈaus|**fallen** *v/i* (sein)	42, 25	
ˈaus|fragen j-n über *A*	10	
ˈaus|führen *A*	10	
ˈaus|füllen *A*	10	
ˈaus|**geben** *A* (für *A*)	44, 26	
ˈaus|**gehen** *v/i* (sein);		
fig. von *D*	35, 25	
ˈaus|**gleichen** *A*		
durch *A*	37, 25	
ˈaus|**halten** *A*	42, 25	
ˈaus|händigen j-m etw.	10	

'aus|**helfen** v/i
(j-m mit D)   34, 26
'aus|**kennen**: sich
(A) ~ in D   45
'aus|kleiden A; sich
(A) ~   15
'aus|knipsen A   16
'aus|**kommen** v/i
mit D   44, 26
'aus|kundschaften A   15
'aus|lachen j-n wegen G   10
'aus|**lassen** A; etw. an D;
sich (A) ~ über A   42, 25
'aus|**laufen** v/i (sein)   43, 25
'aus|**leihen** j-m etw.   39, 25
'aus|liefern (j-m) etw.   19
'aus|lösen A   16
'aus|machen A   10
'aus|nutzen A; j-n
(zu D)   17
'aus|packen A   10
'aus|rechnen A; sich
(D) etw. ~   19
'aus|reden j-m etw.   15
'aus|reichen v/i für A   10
'aus|reisen v/i (sein)   16
'aus|richten j-m etw.; A   15
'aus|rotten A   15
'aus|**rufen** A   25
'aus|ruhen: sich (A) ~   10
'aus|rüsten A mit D   15
'aus|sagen A; v/i   10
'aus|schalten A   15
'aus|**scheiden** aus D   39, 25
'aus|**schlagen** v/i; A   43, 26
'aus|**schließen** j-n von
D; v/i (sein)   40, 26
'aus|**schneiden** A   38, 25
'aus|**sehen** v/i   44, 26
äußern A; sich (A) ~
zu D; über A   19
'aus|setzen v/i; A   17
'aus|sondern A   19
'aus|sortieren A   20
'aus|spannen v/i;
j-m etw.   10
'aus|**sprechen** A; sich
(A) ~ über A   34, 26
'aus|statten A mit D   15
'aus|**steigen** v/i (sein) 39, 25

'aus|stellen A   10
'aus|**stoßen** j-n aus
D; A   44, 25
'aus|suchen j-m od.
sich etw. ~   10
'aus|teilen A   10
'aus|**tragen** A   43, 26
'aus|**treten** A; v/i (sein)
aus D   44, 26
'aus|**trinken** A   36, 26
'aus|üben A (auf A)   10
'aus|wählen A   10
'aus|wandern v/i in A;
nach D   19
'aus|waschen A   43, 26
'aus|wechseln A   18
'aus|**weichen** v/i (sein)
D   38, 25
'aus|**weisen** A od.
sich   39, 25
'aus|werten A   15
'aus|wirken: sich
(A) ~ auf A   10
'aus|wischen A   10
'aus|zahlen A   10
'aus|zeichnen A wegen
G; sich (A) ~
durch A   19
'aus|**ziehen** A; v/i
(sein)   40, 26

B

backen A; v/i   42, 26
baden A; v/i   15
band, bände s. binden
bändigen A   6
bangen v/i um A   6
barg, bärge s. bergen
barst, bärste s. bersten
basieren v/i auf D   20
basteln v/i; A; an D   18
bat, bäte s. bitten
bauen A; auf A   6
baumeln v/i (an D)   18
be'absichtigen A   6
be'achten A   15
be'anspruchen A   6
be'anstanden A   15
be'antragen A   6
be'antworten A   15

be'arbeiten A   15
be'aufsichtigen A   6
be'auftragen j-n mit D   6
beben v/i (vor D)   6
be'danken: sich (A)
bei j-m ~ für A   14
be'dauern A   19
be'decken A mit D   6
be'**denken** A; j-n mit D 45
be'deuten A; j-m etw.   15
be'dienen A; sich
(A) ~ G   6
be'drohen A (mit D)   6
be'drücken A   6
be'**dürfen** G   32
be'ehren A (mit D)   6
be'eiden A   15
be'eilen: sich (A) ~   14
be'eindrucken j-n
(P.P. be'eindruckt)   6
be'einflussen A
(P.P. be'einflußt)   17
be'einträchtigen A
(P.P. be'einträchtigt) 6
be'enden A   15
be'endigen A   6
be'erdigen A   6
be'fähigen j-n zu D   6
befahl, befähle
s. befehlen
be'**fallen** A   42, 21
be'fassen j-n mit D;
sich (A) ~ mit D   17
be'**fehlen** j-m etw.   34, 26
be'fehligen A   6
be'festigen etw. an D   6
befiehl s. befehlen
be'**finden** über A; sich
(A) ~   35, 26
befohlen, beföhle
s. befehlen
be'folgen A   6
be'fördern A; j-n zu D 19
be'fragen A   10
be'freien j-n
(etw.; sich) von D   6
be'fremden j-n   15
be'friedigen A   6
be'fürchten A   15
be'fürworten A   15

49

be'sprechen A   34, 26
bessern A; sich (A) ~   19
be'stärken j-n in D   6
be'stätigen j-m etw.;
   sich (A) ~   6
be'statten A   15
be'staunen A   6
be'stechen A; v/i   34, 26
be'stehen aus D; auf
   D (A)   37, 26
be'stellen A bei D;
   j-n zu D   6
be'stimmen A   6
be'strafen j-n für A   6
be'streichen A   38, 21
be'streiken A   6
be'streiten A   38, 21
be'suchen A   6
be'tätigen A; sich
   (A) ~   6
be'täuben A   6
be'teiligen j-n
   (od. sich) an D   6
beten v/i zu D; für A   15
be'tonen A   6
be'trachten A (als A)   15
be'tragen v/i (A); sich
   (A) ~   43, 26
be'treffen A   34, 26
be'treiben A   39, 21
be'treten A   44, 26
be'treuen A   6
be'trinken: sich
   (A) ~   36, 26
betrog, betröge, betrogen
   s. betrügen
be'trügen j-n (um A) 41, 26
betteln v/i um A   18
beugen A; sich ~ D
   (vor D)   6
be'unruhigen A (a. sich) 6
be'urlauben A   6
be'urteilen A   6
be'völkern A   19
be'vollmächtigen j-n   6
be'vorzugen A   6
be'wachen A   6
be'waffnen A (a. sich)
   mit D   19
be'wahren A; j-n vor D   6

be'währen: sich (A) in,
   bei D   14
be'wältigen A   6
be'wegen[1] A; sich
   (A) ~   6
be'wegen[2] j-n zu D   37, 26
be'weisen j-m etw.   39, 21
be'werben: sich (A) ~
   um A   34, 26
be'werten A   15
be'willigen j-m etw.   6
be'wirken A   6
be'wirten j-n   15
bewog, bewöge
   s. bewegen[2]
be'wohnen A   6
be'wölken: sich (A) ~
   mit D   14
be'wundern A wegen G 19
be'zahlen A; j-n für A   6
be'zeichnen A (als A)   19
be'zichtigen j-n – G   6
be'ziehen A; sich
   (A) ~ auf A   39, 26
be'zwecken A   6
be'zweifeln A   18
be'zwingen A   36, 26
biegen A; v/i (sein)
   um A   39, 26
bieten j-m etw.; sich
   (A) j-m ~   40, 26
bilden A   15
billigen A   6
binden etw. (an A) 35, 26
birg, birgt s. bergen
birst s. bersten
biß s. beißen
bitten j-n um A   36, 26
blasen v/i; A   42, 21
bläst s. blasen
bleiben v/i (sein)
   bei D   39, 21
bleichen v/i (sein); A 37, 21
blenden A   15
blich s. bleichen
blicken v/i   6
blieb s. bleiben
blies s. blasen
blinken v/i   6

blinzeln v/i   18
blitzen v/i   17
blockieren A   20
blühen v/i   6
bluten v/i   15
bog, böge s. biegen
bohnern A   19
bohren A   6
borgen j-m (od. sich)
   etw.   6
bot, böte s. bieten
boxen (gegen) j-n   17
boykottieren A   20
brach, bräche
   s. brechen
brachte, brächte
   s. brechen
brannte s. brennen
brät s. braten
braten A; v/i   42, 21
brauchen A; nicht ~
   zu + Inf.   6
brausen v/i; sich
   (A) ~; v/i (→ sein) 16
brechen A; v/i (sein);
   sich (A) etw. ~   34, 26
bremsen v/i; A   16
brennen v/i; A   45
brich s. brechen
briet s. braten
bringen j-m etw.; j-m
   um etw.; A zu D   45
brüllen v/i   6
brüsten: sich (A) ~
   mit D   15
brüten v/i (über D)   15
buchen A   6
buchstabieren A   20
bücken: sich (A)   14
bügeln A   18
buk, büke s. backen
bummeln v/i
   (gehen: sein)   18
bürgen für A   6
bürsten v/i; A   15
büßen A mit D; für A   17

C

charakterisieren A   20
chartern A   19

D

da'bei|**sein** v/i (sein) 28
dachte, dächte
  s. denken
da'hinter|**kommen** v/i
  (sein) 44, 26
dämmern v/i; es
  dämmert mir 19
dampfen v/i 6
dämpfen A 6
dang, dänge s. dingen
danken j-m für A 6
darf s. dürfen
'dar|legen j-m etw. 10
'dar|stellen A 10
'da|**sein** v/i (sein) 28
datieren 20
dauern v/i 19
da'von|**kommen** v/i
  (sein) (mit D) 44, 26
da'von|machen: sich ~ 10
da'zu|gehören v/i 10
da'zu|**kommen** v/i
  (sein) 44, 26
da'zwischen|**kommen**
  v/i (sein) 44, 26
debattieren über A 20
decken A; sich (A) ~ 6
definieren A 20
dehnen A; sich (A) ~ 6
deklinieren A 20
delegieren j-n zu D 20
dementieren A 20
demonstrieren A; v/i
  gegen A 20
demontieren A 20
demütigen A 6
denken an A; sich (D)
  etw. ~ 45
denunzieren j-n (bei D) 20
deponieren A 20
desinfizieren A 20
deuchte s. dünken
deuten A; v/i auf A 15
dichten A 15
dienen D; als N; zu D 6
diktieren j-m etw. 20
dingen j-n 35, 26, 6
diskutieren A; über A 20
dispensieren von D 20

dividieren A durch A 20
dolmetschen v/i; A 6
donnern v/i;
  (fahren → sein) 19
dopen j-n; sich (A) ~ 6
dösen v/i; vor sich
  (D) hin dösen 16
dramatisieren A 20
drang, dränge
  s. dringen
drängeln v/i 18
drängen j-n zu D 6
'dran|**kommen** v/i 44, 26
drasch s. dreschen
drehen A; sich (A) ~ 6
dreschen A 37, 26
dressieren A 20
dringen v/i (sein) in A;
  fig. auf A 35, 26
drisch s. dreschen
drohen D 6
dröhnen v/i von D 6
drosch, drösche
  s. dreschen
drosseln A 18
drucken A 6
drücken A; sich (A) ~
  vor, von D 6
duften (nach D) 15
dulden v/i; A 15
düngen A 6
dünken A od. D 45
dünsten A 15
'durch|arbeiten A 15
'durch|**brechen** A 34, 26
durch'**brechen** A 34, 26
'durch|**brennen** v/i
  (sein) 45
'durch|**bringen** A 45
durch'denken A 45
'durch|**dringen** v/i
  (sein) durch A 35, 26
durch'**dringen** A 35, 26
'durch|drücken A 10
durchein'ander|**bringen**
  A 45
'durch|**fahren** v/i (sein)
  (durch A) 42, 26
durch'**fahren** A 42, 26

'durch|**fallen** v/i
  (sein) 42, 25
'durch|führen A 10
'durch|geben A 44, 26
'durch|**gehen** v/i (sein)
  mit D; fig. A (sein,
  selten haben) 35, 25
'durch|**greifen** v/i
  (gegen A) 38, 25
'durch|**halten** v/i; A 42, 25
'durch|**kommen** v/i
  (sein) 44, 26
durch'kreuzen A 17
'durch|lassen A 42, 25
'durch|laufen v/i (sein)
  durch A 43, 25
durch'laufen A 43, 25
'durch|**lesen** A 44, 26
'durch|machen A 10
'durch|**nehmen** A 26
durch'queren A 6
'durch|schauen v/i
  (durch A) 10
durch'schauen A 6
'durch|**sehen** A 44, 26
'durch|setzen A; sich
  (A) ~ 17
durch'setzen A mit D 17
'durch|**sprechen** A 34, 26
'durch|**stehen** A 37, 26
'durch|**streichen** A 38, 25
durch'suchen A 6
durch'wühlen A
  (a. 'durch|wühlen) 6
dürfen 32
durfte s. dürfen
dürsten nach D; es
  dürstet mich 15
dursten v/i 15
duschen v/i; a. sich
  (A) ~ 6
duzen A 17

E

ehren A 6
eignen: sich (A) ~ zu
  D; für A 19
eilen v/i; (→ sein) 6
'ein|arbeiten A; sich
  (A) ~ in A 15

'ein|atmen *A* 19
'ein|bauen *A* (in *A*) 10
'ein|berufen *A*
  (P.P. 'einberufen) 25
'ein|beziehen *A*
  (in *A*) 40, 26
'ein|biegen *v/i* (sein)
  in *A* 39, 26
'ein|bilden: sich *(D)*
  etw. ∼ 15
'ein|brechen *v/i* (sein)
  in *A; v/i* (haben)
  in *D* 34, 26
'ein|bringen *A* 45
'ein|bürgern j-n; sich
  (A) ∼ 19
'ein|büßen *A* 17
'ein|dringen *v/i* (sein)
  in *A* 35, 26
'ein|fallen *v/i* (sein)
  in *A;* es fällt mir ein 42, 25
'ein|fassen *A* 17
'ein|finden: sich
  (A) ∼ (in *D*) 35, 26
'ein|fliegen *A; v/i* (sein)
  (in *A*) 40, 26
'ein|fließen *v/i* (sein) 40, 26
'ein|flößen *A;* j-m etw. 17
'ein|frieren *v/i*
  (sein); *A* 40, 26
'ein|fügen *A* in *A;* sich
  (A) ∼ in *A* 10
'ein|fühlen: sich
  (A) ∼ in *A* 10
'ein|führen *A* 10
'ein|gehen *v/i* (sein) 35, 25
'ein|gestehen *A*
  (P.P. 'eingestan–
  den) 37, 26
'ein|greifen *v/i* (in A) 38, 25
'ein|halten *A;*
  v/i in *D* 42, 25
'ein|hängen *A* 10
'ein|holen *A* 10
'ein|igen: sich *(A)* ∼
  über *A;* auf *A* 14
'ein|kaufen *A* 10
'ein|kehren *v/i* (sein)
  (in *D*) 10
'ein|laden *A* 42, 26

'ein|lassen *A* (in *A*);
  sich *(A)* ∼ mit j-m;
  auf etw. 42, 25
'ein|laufen *v/i* (sein) 43, 25
'ein|leben: sich *(A)* ∼ 14
'ein|legen *A* (in *A*) 10
'ein|leiten *A* 15
'ein|leuchten j-m 15
'ein|liefern j-n in *A* 19
'ein|lösen *A* 16
'ein|mischen: sich
  (A) ∼ in *A* 14
'ein|nehmen *A* 26
'ein|ordnen *A* in *A;*
  sich *(A)* ∼ 19
'ein|prägen j-m etw.;
  sich *(D)* etw. ∼ 10
'ein|rahmen *A* 10
'ein|räumen *A;* j-m
  etw. 10
'ein|reden j-m etw. 15
'ein|reichen *A* 10
'ein|reisen *v/i* (sein) 16
'ein|richten *A;* sich
  (A) ∼ auf *A* 15
'ein|sammeln *A* 18
'ein|schalten *A;* sich
  (A) ∼ in *A* 15
'ein|schätzen *A* 17
'ein|schenken j-m etw. 10
einschiffen *A;* sich
  (A) ∼ *mst.* nach *D* 10
'ein|schlafen *v/i*
  (sein) 42, 25
'ein|schläfern *A* 19
'ein|schlagen *A; a. v/i*
  (sein) 43, 26
'ein|schleichen: sich
  (A) ∼ in *A* 38, 25
'ein|schließen *A*
  (in *A*) 40, 26
'ein|schränken *A;* sich
  (A) ∼ 10
'ein|schreiten *v/i* (sein)
  gegen *A* 38, 25
'ein|schüchtern j-n 19
'ein|sehen *A* 44, 26
'ein|setzen *A; v/i;* sich
  (A) ∼ für *A* 17
'ein|sperren *A* 10

'ein|stecken *A* 10
'ein|stehen *v/i* (sein)
  für *A* 37, 26
'ein|steigen *v/i* (sein)
  in *A* 39, 25
'ein|stellen j-n; etw.;
  sich *(A)* ∼ auf *A* 10
'ein|stufen j-n 10
'ein|stürzen *v/i* (sein) 17
'ein|tauschen *A* gegen *A* 10
'ein|teilen *A* (in *A*) 10
'ein|tragen *A* in *A;* sich
  (A) ∼ in *A* 43, 26
'ein|treffen *v/i* (sein)
  (in *D*) 34, 26
'ein|treten *A; v/i* (sein)
  in *A* 44, 26
'ein|wandern *v/i* (sein) 19
'ein|weichen *A* 10
'ein|weihen *A;* j-n in *A* 10
'ein|weisen j-n
  in *A* 39, 25
'ein|wenden etw., nichts
  gegen *A* 45
'ein|wickeln *A* 18
'ein|willigen *v/i* in *A* 10
'ein|zahlen *A* 10
'ein|ziehen *A; v/i* (sein)
  in *A* 40, 26
eitern *v/i* 19
ekeln: sich *(A)* ∼ vor
  D; es ekelt mich *od.*
  mir vor *D* 18
empfahl, empfähle
  s. empfehlen
em'pfangen *A* 42, 21
em'pfehlen j-m etw. 34, 26
empfiehl *s.* empfehlen
em'pfinden *A* als *A* 35, 26
empföhle, empfohlen
  s. empfehlen
em'pören *A;* sich *(A)* ∼
  gegen *A* 6
em'por|kommen *v/i*
  (sein) 44, 26
enden *v/i* (mit *D*) 15
ent'behren *A; G* 6
ent'binden j-n von *D* 35, 26
ent'blößen *A* 17
ent'decken *A* 6

53

ent'eignen A 19
ent'fallen D (sein) 42, 21
ent'fernen A von, aus
  D; sich (A) ↪von D 6
ent'fesseln A 18
ent'flechten A 37, 26
ent'führen A 6
ent'gegen|kommen v/i
  (sein) j-m 44, 26
ent'gegen|nehmen A 26
ent'gegen|treten D
  (sein) 44, 26
ent'gegnen D, auf A 19
ent'gehen (sein) D 35, 21
ent'gleisen v/i (sein) 16
ent'halten A 42, 21
ent'kleiden j-n (od.
  sich); j-n G 15
ent'kommen (sein) D 44, 26
ent'lassen j-n (aus D) 42, 21
ent'lasten A 15
ent'laufen (sein) D 43, 21
ent'ledigen: sich
  (A) ~ G 14
ent'leihen etw. von D;
  sich (D) etw. ~
  (von D) 39, 21
ent'mutigen j-n 6
ent'nehmen A – D 26
ent'reißen j-m etw. 38, 21
ent'richten A 15
ent'sagen D 6
ent'schädigen j-n für A 6
ent'scheiden A od.
  über A 39, 21
ent'schließen: sich
  (A) ~ für A 40, 26
ent'schuldigen A; sich
  (A) ~ für A 6
ent'sinnen: sich (A)
  ~ G 35, 26
ent'spannen A; sich
  (A) ~ 6
ent'sprechen D 34, 26
ent'stehen v/i (sein) 37, 26
ent'stellen A 6
ent'täuschen A 6
ent'völkern A 19
ent'wenden j-m etw. 15
ent'werfen A 35, 26

ent'werten A 15
ent'wickeln A; sich
  (A) ~ (zu D) 18
ent'ziehen j-m etw.;
  sich (A) ~ D 40, 26
er'achten A für A 15
er'arbeiten A; sich (D)
  etw. ~ 15
er'bauen A 6
erben A (von D) 6
er'beuten A 15
er'blicken A 6
er'dulden A 15
er'eignen: sich ~ 19
er'fahren etw.
  über A 42, 26
er'fassen A 17
er'finden A 35, 26
er'folgen v/i (sein) 12
er'fordern A 19
er'forschen A 6
er'frieren v/i (sein) 40, 26
er'frischen A; sich
  (A) ~ 6
er'füllen A; sich
  (A) ~ 6
er'gänzen A; sich
  (A) ~ 17
er'geben A; sich (A) ~
  aus D 44, 26
er'gehen v/i (sein): es ist
  mir ... ergangen; sich
  (A) ~ in D 35, 21
er'greifen A 38, 21
er'halten A 42, 21
er'heben A;
  sich (A) ~ 37, 26
er'höhen A 6
er'holen: sich (A) ~
  (von D) 14
er'innern j-n an A; sich
  ~ G od. an A 19
er'kälten: sich (A) ~ 15
er'kämpfen A; sich
  (D) etw. ~ 6
er'kennen j-n an D 45
er'kiesen j-n 40, 26
er'klären j-m gegenüber
  etw. 6

er'klimmen A 41, 26
erkor, erköre
  s. erkiesen
er'kundigen: sich (A) ~
  nach (D) 14
er'langen A 6
er'lassen A; j-m etw. 42, 21
er'lauben j-m etw. 6
er'läutern j-m etw. 19
er'leben A 6
er'ledigen A 6
er'leichtern j-m etw. 19
er'leiden A 38, 21
er'lernen A 6
erlisch, erlosch, erloschen
  s. erlöschen
er'löschen v/i (sein) 41, 26
er'mächtigen j-n zu D 6
er'mahnen j-n zu D 6
er'mäßigen A 6
er'mitteln A 18
er'möglichen A 6
er'morden A 15
er'müden A; v/i (sein) 15
er'mutigen j-n zu D 6
er'nähren A (a. sich) 6
er'nennen j-n zu D 45
er'neuern A 19
ernten A 15
er'obern A; sich (D)
  etw. ~ 19
er'öffnen (j-m) etw. 19
er'örtern A 19
er'pressen A 17
er'raten A 42, 21
er'regen A; sich (A) ~
  über A 6
er'reichen A 6
er'richten A 15
er'röten v/i (sein) 15
er'schallen v/i (sein) 42, 21
er'scheinen v/i (sein) 39, 21
er'schießen j-n 40, 26
erschrak, erschräke
  s. erschrecken²
er'schrecken¹ j-n 6
er'schrecken² v/i
  (sein) 35, 26
erschrick, erschrocken
  s. erschrecken²

er'setzen *A* durch *A;*
j-m etw. 17

er'sparen j-m etw.;
sich *(D)* etw. ~ 6

er'starren *v/i* (sein)
(vor *D*) 12

er'statten j-m etw.; *A* 15

er'staunen *v/i* (sein)
über *A; A* (haben) 12, 6

er'sticken *v/i* (sein) an
D; A (haben) 12, 6

er'streben *A* 6

er'strecken: sich *(A)* ~
bis zu *D;* auf *A* 14

er'suchen j-n um *A* 6

er'teilen j-m etw. 6

er'tragen *A* 43, 26

er'trinken *v/i* (sein) 36, 26

er'wachen *v/i* (sein) 12

er'wägen *A* 36, 26

er'wähnen *A* 6

er'warten *A* 15

er'weisen *A;* j-m etw.;
sich *(A)* ~ als *N*
(früher a. A) 39, 21

er'weitern *A* (um *A*) 19

er'werben *A* 34, 26

er'widern j-m etw. 19

erwog, erwöge,
erwogen *s.* erwägen

er'zählen j-m etw.;
sich *(D)* etw. ~ 6

er'zeugen *A* 6

er'ziehen *A* 40, 26

er'zielen *A* 6

er'zwingen *A* 36, 26

essen 43, 26

F

fabrizieren *A* 20

fahnden *v/i* nach *D* 15

fahren *v/i* (sein) *mst.*
nach *D;* in *A;*
a. A 42, 26

fährt *s.* fahren

fallen *v/i* (sein) 42, 21

fällen *A* 6

fällt *s.* fallen; fällen

fälschen *A* 6

falten *A* 15

fangen *A* 42, 21

---

fängt *s.* fangen

färben *A;* sich *(A)* ~ 6

fassen *A;* j-n an *D* 17

fasten *v/i* 15

faulen *v/i* (sein) 6

faulenzen *v/i* 17

fechten *v/i* 37, 26

fegen *A* 6

fehlen *v/i;* es fehlt mir 6

'fehl|schlagen *v/i*
(sein) 43, 26

feiern *A* 19

'fern|bleiben *v/i*
(sein) *D* 39, 25

'fern|halten j-n *od.*
sich *(A)* von *D* 42, 25

'fern|sehen *v/i* 44, 26

fertigen *A* 6

'fest|halten *A;* an *D;*
sich *(A)* ~ an *D* 42, 25

festigen *A;* sich *(A)* ~ 6

'fest|legen *A;* sich
(A) ~ auf *A* 10

'fest|machen *A* 10

'fest|nehmen j-n 26

'fest|setzen *A* 17

'fest|stehen *v/i* 37, 26

'fest|stellen *A* 10

feuern *v/i; A* 19

ficht *s.* fechten

fiel *s.* fallen

filmen *v/i; A* 6

finden *A* 35, 26

fing *s.* fangen

fischen *v/i; A* 6

flattern *v/i* (→ sein) 19

flechten *A* 37, 26

flehen um *A* 6

flicht *s.* flechten

flicken *A* 6

fliegen *v/i* (sein); *A* 40, 26

fliehen *v/i* (sein) vor
D; A 40, 26

fließen *v/i* (sein) 40, 26

flirten mit *D* 15

flocht, flöchte
s. flechten

flog, flöge *s.* fliegen

floh, flöhe *s.* fliehen

floß, flösse *s.* fließen

---

fluchen über *A* 6

flüchten *v/i* (sein); sich
(A) ~ zu *D* 15

flüstern *v/i;* j-m etw.
ins Ohr ~ 19

focht, föchte *s.* fechten

folgen *D;* es folgte
aus *D* 6

folgern *A* aus *D* 19

foltern j-n 19

fordern etw. von j-m 19

fördern *A* 19

formen *A* 6

forschen nach *D* 6

'fort|dauern *v/i* 19

'fort|fahren *v/i* in *D* 42, 26

'fort|führen *A* 10

'fort|gehen *v/i* (sein) 35, 25

'fort|laufen *v/i* (sein) 43, 25

'fort|pflanzen: sich
(A) ~ 17

'fort|setzen *A* 17

fotografieren *A* 20

fragen *A;* nach *D* 6

fran'kieren *A* 20

fraß, fräße *s.* fressen

'frei|lassen *A* 42, 25

'frei|sprechen j-n 34, 26

fressen *A* 43, 26

freuen: sich *(A)* ~ über
A; auf *A;* an *D* 14

frieren *v/i; a.* mich
friert; *(zu Eis werden*
→ sein) 40, 26

friß, frissest *s.* fressen

fristen (sein Leben) 15

frönen *D* 6

fror, fröre *s.* frieren

frösteln *v/i* 18

'frühstücken *v/i*
(*P. P.* gefrühstückt) 6

fügen *A* (an, auf *A*);
sich *(A)* ~ 6

fühlen *A;* sich *(A)* ~ 6

fuhr, führe *s.* fahren

führen *A; v/i* 6

füllen *A* mit *D* 6

fürchten: sich *(A)* ~
vor *D* 15

fußen auf *D* 17
füttern *A* mit *D* 19

G

gab, gäbe *s.* geben
gähnen *v/i* (vor *D*) 6
galt, gelte *s.* gelten
garantieren j-m etw.;
 für *A* 20
gären *v/i* (sein *u.* h.) 36, 21
gebar, gebäre
 s. gebären
gebärden: sich *(A)* ~ 15
gebären *A* 34, 21
geben j-m etw. 44, 26
gebeten *s.* bitten
gebier *s.* gebären
gebieten j-m etw.
 (*P.P.* geboten) 40, 26
gebissen *s.* beißen
geblichen *s.* bleichen
geblieben *s.* bleiben
gebogen *s.* biegen
geboren *s.* gebären
geborgen *s.* bergen
geborsten *s.* bersten
geboten *s.* bieten
gebracht *s.* bringen
gebrannt *s.* brennen
gebrauchen *A* zu *D*
 (*P.P.* gebraucht) 6
gebrochen *s.* brechen
gebühren *D*
 (*P.P.* gebührt) 6
gebunden *s.* binden
gedacht *s.* denken
gedeihen *v/i* (sein) 39, 21
gedenken *G*
 (*P.P.* gedacht) 45
gedeucht *s.* dünken
gedieh, gediehen
 s. gedeihen
gedroschen *s.* dreschen
gedrungen *s.* dringen
gedulden: sich *(A)* ~
 (*P.P.* geduldet) 15
gedungen *s.* dingen
gedurft *s.* dürfen
gefährden *A*
 (*P.P.* gefährdet) 15

gefallen *D*
 (*P.P.* gefallen) 42, 21
geflochten *s.* flechten
geflogen *s.* fliegen
geflohen *s.* fliehen
geflossen *s.* fließen
gefochten *s.* fechten
gefrieren *v/i* (sein)
 (*P.P.* gefroren) 40, 26
gefroren *s.* gefrieren
gefunden *s.* finden
gegangen *s.* gehen
geglichen *s.* gleichen
geglitten *s.* gleiten
geglommen *s.* glimmen
gegolten *s.* gelten
gegoren *s.* gären
gegossen *s.* gießen
gegriffen *s.* greifen
gehen *v/i* (sein); es geht
 mir (gut *usw.*); es
 geht um *A* 21
gehoben *s.* heben
geholfen *s.* helfen
gehorchen *D* 6
gehören *D;* zu *D* 6
geizen mit *D* 17
gekannt *s.* kennen
geklommen *s.* klimmen
geklungen *s.* klingen
gekniffen *s.* kneifen
gekonnt *s.* können
gekrochen *s.* kriechen
gelang, gelänge
 s. gelingen
gelangen *v/i* (sein) (zu
 D) (*P.P.* gelangt) 12
gelegen *s.* liegen
geleiten j-n 15
geliehen *s.* leihen
gelingen *v/i* (sein); es
 gelingt mir 35, 26
gelitten *s.* leiden
geloben j-m etw.
 (*P.P.* gelobt) 6
gelogen *s.* lügen
gelten *v/i* 34, 26
gelungen *s.* gelingen
gemieden *s.* meiden
gemocht *s.* mögen

gemolken *s.* melken
gemußt *s.* müssen
genannt *s.* nennen
genas, genäse *s.* genesen
genehmigen *A*
 (*P.P.* genehmigt) 6
genesen *v/i* (sein) 44, 26
genießen *A* 40, 26
genommen *s.* nehmen
genoß, genösse, genossen
 s. genießen
genügen *D*
 (*P.P.* genügt) 6
gepfiffen *s.* pfeifen
gepflogen *s.* pflegen
gepriesen *s.* preisen
gequollen *s.* quellen
gerannt *s.* rennen
geraten *v/i* (sein) *(oft*
 in *A) (P.P.* geraten)42, 21
gerben *A* 6
gerieben *s.* reiben
gerinnen *v/i* (sein)
 (*P.P.* geronnen) 35, 26
gerissen *s.* reißen
geritten *s.* reiten
gerochen *s.* riechen
geronnen *s.* gerinnen
gerungen *s.* ringen
gesandt *s.* senden
geschah, geschähe
 s. geschehen
geschehen *v/i* (sein);
 es geschieht
 (mir recht) 44, 26
geschieden *s.* scheiden
geschieht *s.* geschehen
geschienen *s.* scheinen
geschissen *s.* scheißen
geschlichen *s.* schleichen
geschliffen *s.* schleifen
geschlissen *s.* schleißen
geschlossen *s.* schließen
geschlungen *s.* schlingen
geschmissen *s.* schmeißen
geschmolzen *s.* schmelzen
geschnitten *s.* schneiden
geschnoben *s.* schnauben
geschoben *s.* schieben
gescholten *s.* schelten

geschoren *s.* scheren

geschossen *s.* schießen

geschrieben *s.* schreiben

geschrie(e)n *s.* schreien

geschritten *s.* schreiten

geschunden *s.* schinden

geschwiegen *s.* schweigen

geschwollen *s.* schwellen

geschwommen
  s. schwimmen

geschworen *s.* schwören

geschwunden *s.* schwinden

geschwungen *s.* schwingen

gesessen *s.* sitzen

gesoffen *s.* saufen

gesogen *s.* saugen

gesonnen *s.* sinnen

gesotten *s.* sieden

gespie(e)n *s.* speien

gesponnen *s.* spinnen

gesprochen *s.* sprechen

gesprossen *s.* sprießen

gesprungen *s.* springen

gestalten *A;* sich *(A)* ~ 15

gestanden *s.* stehen

gestatten j-m etw. 15

gestehen (j-m) etw.
  (P.P. gestanden) 37, 26

gestiegen *s.* steigen

gestoben *s.* stieben

gestochen *s.* stechen

gestohlen *s.* stehlen

gestorben *s.* sterben

gestoßen *s.* stoßen

gestrichen *s.* streichen

gestritten *s.* streiten

gestunken *s.* stinken

gesungen *s.* singen

gesunken *s.* sinken

getan *s.* tun

getrieben *s.* treiben

getroffen *s.* treffen

getragen *s.* tragen

getrunken *s.* trinken

gewähren j-m etw.
  (P.P. gewährt) 6

gewährleisten *A*
  (P.P. gewährleistet) 15

gewandt *s.* wenden

gewann, gewänne
  s. gewinnen

gewesen *s.* sein

gewichen *s.* weichen

gewiesen *s.* weisen

gewinnen *A* 35, 26

gewoben *s.* weben

gewogen *s.* wiegen[1]

gewöhnen: sich *(A)* ~
  an *A* 14

gewonnen, gewönne
  s. gewinnen

geworben *s.* werben

geworden *s.* werden

geworfen *s.* werfen

gewunden *s.* winden

gewußt *s.* wissen

geziehen *s.* zeihen

gezogen *s.* ziehen

gezwungen *s.* zwingen

gib, gibt *s.* geben

gießen *A* in *A; a. v/i*
  (= regnen) 40, 26

gilt *s.* gelten

ging *s.* gehen

gipfeln *v/i* in *D* 18

glänzen *v/i* (vor *D*) 17

glätten *A;* sich *(A)* ~ 15

glauben j-m; etw.;
  an *A* 6

gleichen *D* 37, 21

gleiten *v/i* (sein) 38, 21

glich *s.* gleichen

gliedern *A* in *A* 19

glimmen *v/i* 41, 26

glitt *s.* gleiten

glomm, glömme
  s. glimmen

glücken *D* (sein) 6

glühen *v/i* (vor *D*) 6

gölte *s.* gelten

gönnen j-m etw. 6

gor, göre *s.* gären

goß, gösse *s.* gießen

graben *A;* nach *D* 42, 26

gräbt *s.* graben

grämen: sich *(A)* ~
  über *A* 14

grasen *v/i* 16

gratulieren j-m zu *D* 20

grausen: mir *od.* mich
  graust; sich *(A)* ~
  vor *D* 6, 16

greifen *A;* nach *D;*
  in *D* 38, 21

griff *s.* greifen

grenzen an *A* 17

grollen *D* 6

grub, grübe *s.* graben

grübeln über *A* 18

gründen *A;* sich *(A)* ~
  auf *A* 15

grünen *v/i* 6

gruppieren *A;* sich
  (A) ~ um *A* 20

grüßen j-n von *D* 17

gucken *v/i* 6

gurgeln *v/i* 18

'gut|heißen *A* 44, 25

'gut|schreiben j-m
  etw. 39, 25

'gut|tun *D* 41, 26

H

haben 28

habilitieren j-n; sich
  (A) ~ 20

haften *v/i* an, auf *D;*
  fig. für *A* 15

hageln *v/i* 18

häkeln *A* 18

half, hälfe *s.* helfen

hallen *v/i* 6

hält *s.* halten

halten *A;* sich *(A)* ~
  an *D* 42, 21

hämmern *v/i* 19

hamstern *A* 19

handeln *v/i;* mit *D;* es
  handelt sich um *A* 18

'handhaben *A*
  (P.P. gehandhabt) 6

hängen *v/i* an *D* 35, 21

hängen *A* an *A* 6

hapern; es hapert an *D* 19

harren auf *A; G* 6

hassen *A* 17

hasten *v/i* (sein) 15

hätscheln j-n 18

hauen *A* 43, 21

kämmen *A;* sich *A* ~ 6
kämpfen für *A;* um *A;*
  gegen *A* 6
kann *s.* können
kannte *s.* kennen
kapieren *A* 20
kapitulieren *v/i* (vor *D*) 20
kassieren *A* 20
kauen *A* 6
kaufen *A* bei j-m 6
kehren *A;* sich *(A)* ~
  an *D* 6
keimen *v/i* 6
kennen *A* 45
'kennen|lernen *A* 10
kennzeichnen *A* 19
kentern *v/i* (sein) 19
keuchen *v/i* 6
kichern *v/i* 19
kippen *A;* *v/i* (sein) 6
kitzeln *A;* es kitzelt 18
klagen über *A* 6
klang, klänge *s.* klingen
klappen *A;* *v/i* es klappt 6
klappern *v/i* (mit *D*) 19
klären *A* (*a.* sich) 6
'klar|machen j-m etw. 10
klatschen *v/i* (über *A*) 6
klauen j-m etw. 6
kleben *A* 6
kleiden *A;* sich *(A)* ~ 15
klemmen *A;* *v/i* 6
klettern *v/i* (sein) 19
klimmen *v/i* (sein) 41, 21
klimpern *v/i* 19
klingeln *v/i* (an *D*) 18
klingen *v/i* 36, 26
klomm, klömme
  s. klimmen
klopfen *A;* *v/i* an *A* 6
knabbern *A;* *v/i* an *D* 19
knallen *v/i;* j-m eine ~ 6
knattern *v/i* 19
knausern mit *D* 19
knebeln j-n 18
kneifen *A* 38, 21
kneten *A* 15
knicken *A* 6
knien *v/i;* ich knie, du
  kniest; knie!; kniend 6

kniff *s.* kneifen
knipsen *A* 16
knistern *v/i* 19
knittern *v/i* 19
knoten *A* 15
knüpfen *A* an *A* 6
kochen *A* 6
ködern j-n mit *D* 19
kommandieren *v/i;* *A* 20
kommen *v/i* (sein) 44, 26
kommentieren *A* 20
kompromittieren j-n
  (mit *D*) 20
können 32
konnte, könnte *s.* können
konstatieren *A* 20
konsultieren *A* 20
kontern *v/i* 19
kontrollieren *A* 20
konzentrieren *A;* sich
  (A) ~ auf *A* 20
korrespondieren *v/i*
  mit *D* 20
korrigieren *A* 20
kosten *A;* j-n *(Geld)* 15
krabbeln *v/i* (sein) 18
krachen *v/i* 6
krächzen *v/i* 17
krähen *v/i* (nach *D*) 6
kränkeln *v/i* 18
kranken an *D* 6
kränken *A* 6
kratzen *A;* *v/i* (an *D*) 17
kräuseln: sich *(A)* ~ 18
kreischen *v/i* 6
kreisen *v/i* (haben *od.*
  sein) 16
krepieren *v/i* (sein)
  (an *D*) 20
kreuzen *A;* *v/i;* sich
  (A) ~ 17
kriechen *v/i* (sein); *fig.*
  vor j-m 40, 21
kriegen *A* 6
kritisieren *A* 20
kritzeln *A* (auf *A*) 18
kroch, kröche *s.* kriechen
krönen *A* 6

krümmen *A;* sich
  (A) ~ vor *D* 6
kühlen *A* 6
kultivieren *A* 20
kümmern: sich
  (A) ~ um *A* 19
kündigen *A;* j-m *(A)* 6
kurieren j-n 20
kürzen *A* 17
küssen *A* 17

L

laben: sich *(A)* ~
  an *D* 14
lächeln *v/i* über *A* 18
lachen *v/i* über *A* 6
lackieren *A* 20
laden *A* (*mst.* auf *A*) 42, 26
lädt *s.* laden
lag, läge *s.* liegen
lagern *A;* *v/i;* sich
  (A) ~ 19
lähmen *A* 6
lahm|legen *A* 10
lallen *v/i;* *A* 6
landen *A;* *v/i* (sein) 15
langweilen *A;* sich
  (A) ~ 14
las, läse *s.* lesen
lassen *A;* sich *(D)* etw.
  machen ~ 42, 21
läßt *s.* lassen
lauern *v/i* auf *A* 19
laufen *v/i* 43, 21
läuft *s.* laufen
lauschen *D* 6
lauten *v/i* 15
läuten *A;* *v/i* 15
leben *v/i* von *D* 6
lechzen nach *D* 17
lecken *A;* *v/i* an *D* 6
leeren *A;* sich *(A)* ~ 6
legen *A* auf, in *A* 6
legitimieren: sich
  (A) ~ als *N* 20
lehnen *A* an *A;* sich
  (A) ~ an *A* 6
lehren j-n etw. 6
'leicht|**fallen** *D* (sein) 42, 25

quillt *s.* quellen[1]
quetschen *A; sich*
  (A) ~   6
quietschen *v/i*   6
quittieren *A*   20
quoll *s.* quellen[1]

R

rächen *A; sich (A)* ~
  an j-m für *A*   6
'rad|fahren *v/i* (sein),
  fährt Rad, radge-
  fahren   42, 26
rang, ränge *s.* ringen
rangieren *A; v/i* (an *D*) 20
rann, ränne *s.* rinnen
rannte *s.* rennen
rasen *v/i; (fahren:*
  sein)   16
rasieren: sich *(A)* ~   20
rasten *v/i*   15
rät *s.* raten
raten j-m etw.   42, 21
rätseln *v/i* über *A*   18
rauben j-m etw.   6
rauchen *A*   6
räuchern *A*   19
räumen *A*   6
raus- *s.* hinaus-, heraus-
rauschen *v/i*   6
räuspern: sich *(A)* ~   19
reagieren *v/i* auf *A*   20
rechnen *A; mit D; auf*
  A; j-n zu   19
rechtfertigen *A*   6
recken *A (a. sich)*   6
reden mit j-m über *A;*
  von *D*   15
referieren über *A*   20
reformieren *A*   20
regeln *A*   18
regen: sich *(A)* ~   14
regieren *A*   20
regnen: es regnet   19
reiben *A*   39, 21
reichen j-m etw.   6
reifen *v/i* (sein)   6
reimen *A* auf *A;* sich
  (A) ~   6
rein- *s.* herein-, hinein-

reinigen *A*   6
reisen von *D* nach *D,*
  in *A;* über *A*   16
reißen *A*   38, 21
reiten *v/i* auf *D;*
  (→ sein)   38, 21
reizen *A*   17
rennen *v/i* (sein)   45
reparieren *A*   20
reservieren j-m etw.;
  etw. für j-n   20
resultieren aus *D*   20
retten j-n vor *D*   15
revanchieren: sich
  (A) ~ für   20
richten *A;* sich *(A)* ~
  nach *D*   15
rieb *s.* reiben
riechen nach *D;*
  an *D*   40, 26
rief *s.* rufen
riet *s.* raten
ringen *v/i* mit *D;*
  um *A*   36, 26
rinnen *v/i* (sein)   35, 26
riskieren *A*   20
riß, risse *s.* reißen
roch, röche *s.* riechen
rodeln *v/i* (sein, haben) 18
roden *A*   15
rollen *A; v/i* (sein)   6
rönne *s.* rinnen
röntgen *A*   6
rosten *v/i* (sein, haben) 15
rösten *A*   15
rücken *A; v/i* (sein)   6
'rück|fragen bei j-m   10
rudern *v/i* (→ sein)   19
rufen *A*   21
ruhen *v/i*   6
rühmen *A;* sich
  (A) ~ *G*   6
rühren: sich *(A)* ~   14
runzeln *A*   18
rupfen *A*   6
rußen *v/i*   17
rüsten *v/i;* sich *(A)* ~
  zu *D*   15
rutschen *v/i* (sein)   6
rütteln an *D*   18

S

säen *A*   6
sagen j-m (zu j-m) etw.   6
sägen *A*   6
sah, sähe *s.* sehen
salzen *A (P.P.* gesalzen) 17
sammeln *A*   18
sandte *s.* senden
sang, sänge *s.* singen
sank, sänke *s.* sinken
sann, sänne *s.* sinnen
saß, säße *s.* sitzen
satteln *A*   18
sättigen *A*   6
säubern *A*   19
saufen *v/i; A*   36, 26
saugen *A*   37, 26
säugen *A*   6
säumen *A*   6
säuseln *v/i*   18
schaden *D*   15
schaffen[1] *A*
  (ein Werk)   42, 26
schaffen[2] *A*   6
schäkern mit *D*   19
schälen *A*   6
schallen *v/i*   42, 21
schalt *s.* schelten
schalten *A*   15
schämen: sich *(A)* ~
  (wegen) *G*   14
schärfen *A*   6
scharren *v/i* mit *D*   6
schätzen *A*   17
schauen *A*   6
schaufeln *A*   18
schaukeln *v/i*   18
schäumen *v/i (fig.*
  vor *D)*   6
scheiden *v/i* (sein) aus
  D; von *D; A*   39, 21
scheinen *v/i;* mir
  scheint   39, 21
scheißen *v/i*   38, 21
scheitern *v/i* (sein)
  an *D*   19
schellen *v/i*   6
schelten *A–A;* auf *A* 34, 26
schenken j-m etw.   6
scheren *A*   37, 26

streifen *A; v/i* (sein)   6
streiken *v/i*   6
streiten mit j-m; sich
  (A) ~ über *A*   38, 21
streuen *A*   6
strich *s.* streichen
stricken *A*   6
stritt *s.* streiten
strömen *v/i* (sein)   6
strotzen *v/i* vor *D*   17
studieren *A*   20
stülpen *A*   6
stünde *s.* stehen
stunden j-m etw.   15
stürbe *s.* sterben
stürmen *A; v/i* (→ sein)   6
stürzen *A; v/i* (sein);
  sich *(A)* ~ in, auf *A*   17
stutzen *A; v/i*   17
stützen *A;* sich *(A)* ~
  auf *A*   17
subtrahieren *A; v/i*   20
suchen *A;* nach *D*   6
sündigen *v/i* (gegen *A*)   6
süßen *A*   17

T

tadeln *A* (wegen *G*)   18
tagen *v/i*   6
tanken *A; v/i*   6
tanzen *v/i* (→ sein)   17
tapezieren *A*   20
tarnen *A*   6
tat *s.* tun
tauchen *A* in *A; v/i*
  (sein)   6
tauen: es hat getaut;
  (Schnee usw.: sein)   6
taufen *A*   6
taugen *v/i* zu *D,* für *A;*
  (Objekt nur etwas,
  nichts *usw.)*   6
taumeln *v/i* (sein)   18
tauschen *A* (gegen *A*);
  mit j-m   6
täuschen *A;* sich *(A)* ~
  in *D*   6
teilen *A*   6
'teil|**nehmen** an *D*   26
telefonieren mit *D*   20

testen *A*   15
tilgen *A*   6
tippen *A; v/i;* auf *A*   6
toasten *A*   15
toben *v/i* (→ sein)   6
tönen *v/i*   6
tosen *v/i*   16
töten j-n   15
'tot|**schlagen** j-n   43, 26
trachten *v/i* nach   15
traf *s.* treffen
tragen *A*   43, 26
trägt *s.* tragen
trällern *A*   19
trampeln *v/i* mit *D;*
  v/i (→ sein)   18
tränen *v/i*   6
trank, tränke *s.* trinken
tränken *A*   6
trat, träte *s.* treten
trauen *D;* j-m   6
trauern um *A*   19
träufeln *A* in *A*   18
träumen von *D*   6
treffen *A* (*a.* sich)   34, 26
treiben *A*   39, 21
trennen *A* von *D;* sich
  (A) ~ von *D*   6
treten an, auf, in *A,*
  aus *D* (sein); *A*   44, 26
trieb *s.* treiben
triefen *v/i*   41, 26
triff *s.* treffen
trinken *A*   36, 26
tritt *s.* treten
trocknen *A; v/i* (sein)   19
trödeln *v/i*   18
troff, tröffe *s.* triefen
trog, tröge *s.* trügen
trommeln *v/i*
  (auf, gegen *A*)   18
trompeten *v/i*   15
tröpfeln *v/i;* etw. in *A*   18
tropfen *v/i*   6
trösten *A;* sich *(A)* ~
  über *A*   15
trotzen *D*   17
trug, trüge *s.* tragen
trügen *A; v/i*   41, 26

tummeln: sich *(A)* ~
  (in *D*)   18
tun *A*   41, 26
tünchen *A*   6
türmen¹: sich *(A)* ~   14
türmen² *v/i* (sein)   6
turnen *v/i*   6
tuschen *A; v/i*   6

U

'übel|**nehmen** j-m
  etw.   26
üben *A;* sich *(A)* ~
  in *D*   6
über'anstrengen *A*
  (*a.* sich)   6
über'arbeiten *A;* sich
  (A) ~   15
'überbewerten *A*
  (*P. P.* überbewertet)   15
über'**bieten** *A;* sich
  (A) ~   40, 26
über'blicken *A*   6
über'**bringen** j-m etw.   45
über'brücken *A*   6
über'**denken** *A*   45
über'eilen *A* (*a.* sich)   6
über'einstimmen mit
  j-m (in *D*)   6
über'**fahren** *A*   42, 26
über'**fallen** *A*   42, 21
über'**fliegen** *A*   40, 26
über'fordern *A* mit *D*   19
'über|**führen** *A*   10
über'führen *A*   6
über'**geben** j-m etw.   44, 26
'über|**gehen** *v/i* (sein)
  zu *D*   35, 25
über'**gehen** *A*   35, 21
über'hand|**nehmen**
  v/i   26
über'häufen *A* mit *D*   6
über'holen *A*   6
über'hören *A*   6
über'**lassen** j-m etw.   42, 21
'über|**laufen** *v/i* (sein)
  zu *D*   43, 25
über'leben *A* (*heute*
  fälschlich auch v/i)   6
'über|legen *A*   10

über'legen: sich *(D)*
etw. ~   14
über'liefern j-m etw.   19
über'mitteln j-m etw.   18
über'nachten *v/i*   15
über'nehmen *A;* sich
(A) ~ mit *D*   26
über'prüfen *A*   6
über'queren *A*   6
über'raschen *A* mit *D*   6
über'reden j-n zu *D*   15
über'reichen j-m etw.   6
über'schätzen *A*   17
über'schneiden: sich
(A) ~   38, 21
über'schreiten *A*   38, 21
über'schwemmen *A*   6
über'sehen *A*   44, 26
'über|setzen *A*
(an, auf, *A*)   17
über'setzen *(einen Text)*
aus dem ... ins ...   17
'über|siedeln *v/i* (sein)   18
über'stehen *A*   37, 26
über'steigen *A*   39, 21
über'stürzen *A*   17
über'tönen *A*   6
über'tragen *A* auf *A;*
j-m etw.; *s. a.*
über'setzen   43, 26
über'treffen j-n an *D* 34, 26
über'treiben *A*   39, 21
'über|treten *v/i* (sein)
zu *D*   44, 26
über'treten *A*   44, 26
über'vorteilen j-n   6
über'wachen *A*   6
über'wältigen *A*   6
über'weisen j-m etw. 39, 21
über'werfen: sich *(A)* ~
mit j-m wegen *G* 35, 26
über'wiegen *v/i; A*   40, 26
über'winden *A*   35, 26
über'zeugen *A* von *D;*
sich *(A)* ~ von *D*   6
'um|arbeiten *A*   15
'um|benennen *A*
(*P. P.* 'umbenannt)   45
'um|binden j-m (*od.* sich)
etw.   35, 25

'um|blättern *A*   19
'um|bringen *A* (*a.* sich)   45
'um|fallen *v/i* (sein)   42, 25
um'fassen *A*   17
'um|funktionieren *A*
(*P. P.* 'umfunktio-
niert)   20
um'geben *A*   44, 26
'um|gehen *v/i* (sein)
mit *D*   35, 25
um'gehen *A*   35, 21
'um|gestalten *A*
(*P. P.* umgestaltet)   15
'um|graben *A*   42, 26
um'hin|können: nicht ~
zu + *Inf.*   32
um'hüllen *A*   6
'um|kehren *A; v/i* (sein) 10
'um|kommen *v/i*
(sein)   44, 26
'um|laufen *v/i* (sein) 43, 25
um'laufen *A*   43, 21
'um|legen *A*   10
'um|leiten *A*   15
um'rahmen *A*   6
'um|reißen *A*   38, 25
um'reißen *A*   38, 21
'um|rennen *A*   45
'um|rühren *A*   10
'um|satteln *v/i*   18
'um|schalten *A* auf *A*   15
'um|schlagen *A; v/i*
(sein)   43, 26
um'schließen *A*   40, 26
'um|schreiben *A*   39, 25
um'schreiben *A*   39, 21
'um|schulen *A*   10
'um|schwenken *v/i*
(sein)   10
'um|sehen: sich
(A) ~   44, 26
'um|setzen *A*   17
'um|steigen auf, in *A* 39, 21
'um|stellen *A;* sich
(A) ~ auf *A*   10
um'stellen *A*   6
'um|stoßen *A*   44, 26
'um|tauschen *A*   10
'um|wenden *A;* sich
(A) ~   45

'um|werfen *A*   35, 26
'um|ziehen *v/i* (sein) 40, 26
um'zingeln *A*   18
unter'bieten *A*   40, 26
unter'binden *A*   35, 26
unter'brechen *A*   34, 26
unter'breiten j-m etw.   15
'unter|bringen *A*   45
unter'drücken *A*   6
'unter|gehen *v/i*
(sein)   35, 25
unter'graben *A*   42, 26
unter'halten *A;* sich
(A) ~ über *A*   42, 21
'unter|kommen *v/i*
(sein)   44, 26
unter'lassen *A*   42, 21
unter'laufen *v/i* (sein)
D; A   43, 21
unter'liegen *D* (sein) 36, 26
unter'mauern *A*   19
unter'nehmen *A*   26
'unter|ordnen *A*
(*a.* sich) – *D*   19
unter'richten j-n (über
A); sich *(A)* ~
über *A*   15
unter'sagen j-m etw.   6
unter'schätzen *A*   17
unter'scheiden *A;* sich
(A) ~ von *D*   39, 21
'unter|schieben j-m
etw.   40, 26
unter'schieben j-m
etw.   40, 26
unter'schlagen *A*   43, 26
unter'schreiben *A*   39, 21
unter'stehen *v/i D*   37, 26
'unter|stellen *A*   10
unter'stellen j-m etw.   6
unter'streichen *A*   38, 21
unter'stützen *A*   17
unter'suchen *A*   6
'unter|tauchen *v/i* (sein) 10
unter'weisen j-n in *D* 39, 21
unter'werfen *A*
(*a.* sich) – *D*   35, 26
unter'zeichnen *A*   19
unter'ziehen *A* – *D* 40, 26
'urteilen über *A*   6

V

ver'abreden: sich *(A)* ~
  mit *D*   15
ver'abscheuen *A*   6
ver'abschieden: sich
  (A) ~ von *D*   15
verachten *A*   15
verallgemeinern *A*   19
ver'alten *v/i* (sein)   15
ver'ändern *A*   19
ver'anlassen *A*   17
ver'anstalten *A*   15
ver'antworten *A*   15
ver'ärgern *A*   19
ver'arzten *A*   15
ver'ausgaben *A* (*a.* sich) 6
ver'äußern *A*   19
ver'bannen *A* (aus *D*)   6
ver'bauen *A*   6
ver'**bergen** etw.
  vor *D*   35, 26
ver'bessern *A*   19
ver'beugen: sich
  (A) ~ vor *D*   14
ver'**bieten** j-m etw.   40, 26
ver'**binden** *A* mit *D* 35, 26
ver'**bitten**: sich
  (D) ~ *A*   36, 26
ver'blassen *v/i* (sein)   17
ver'**bleiben** *v/i* (sein) 39, 21
ver'blüffen *A*   6
ver'blühen *v/i* (sein)   12
ver'bluten *v/i* (sein)   15
ver'brauchen *A*   6
ver'**brechen** *A*   34, 26
ver'breiten *A* (*a.* sich) 15
ver'**brennen** *A; v/i*
  (sein)   45
ver'**bringen** *A*   45
ver'bünden: sich
  (A) ~ mit *D*   15
ver'dächtigen j-n *G*   6
ver'danken j-m etw.   6
ver**darb** *s.* verderben
ver'dauen *A*   6
ver'**denken** j-m etw.   45
ver'**derben** j-m (*od.* sich)
  etw.; *v/i* (sein) 34, 26
ver'deutschen j-m etw. 6

ver'dienen *A*   6
ver**dirb** *s.* verderben
ver'doppeln *A*   18
ver**dorben** *s.* verderben
ver'drängen *A* aus *D* 6
ver'**drießen**: es ver-
  drießt mich   41, 26
ver**droß, verdrösse**
  s. verdrießen
ver**drossen** *s.* verdrießen
ver'dunkeln *A*   18
ver**dürbe** *s.* verderben
ver'ehren *A*   6
ver'eidigen j-n (auf *A*) 6
ver'einbaren etw. mit
  j-m   6
ver'einen *A*   6
ver'einfachen *A*   6
ver'einigen *A;* sich
  (A) ~ mit *D*   6
ver'eiteln *A*   18
ver'enden *v/i* (sein)   15
ver'erben j-m etw.   6
ver'**fahren** *v/i* (sein)
  mit *D*, gegen *A; A* 42, 26
ver'**fallen** *v/i* (sein)
  (in *A*)   42, 21
ver'fälschen *A*   6
ver'fassen *A*   17
ver'fehlen *A*   6
ver'filmen *A*   6
ver'fluchen *A*   6
ver'flüchtigen *A;* sich
  (A) ~   6
ver'folgen *A*   6
ver'fügen *A;* über *A* 6
ver'führen j-n zu *D* 6
ver**gaß, vergäße**
  s. vergessen
ver'geben j-m etw.; *A;*
  D (*od.* sich) etw. 44, 26
ver'gegenwärtigen: sich
  (D) ~ *A*   14
ver'**gehen** *v/i* (sein); sich
  (A) ~ gegen *A* 35, 21
ver'**gelten** *A* mit *D;*
  j-m etw.   34, 26
ver'**gessen** *A*   43, 26
ver'geuden *A*   15

ver**giß, vergißt**
  s. vergessen
ver'**gleichen** etw.
  mit *D*   37, 21
ver'größern *A*   19
ver'güten j-m etw.   15
ver'haften *A*   15
ver'**halten** *A;* sich
  (A) ~   42, 21
ver'handeln mit j-m
  über *A*   18
ver'heiraten j-n
  (*od.* sich) mit *D*   15
ver'**helfen** j-m zu *D* 34, 26
ver'hindern *A*   19
ver'**hören** *A;* sich
  (A) ~   6
ver'hungern *v/i* (sein) 19
ver'hüten *A*   15
ver'irren: sich *(A)* ~ 14
ver'jüngen *A;* sich
  (A) ~   6
ver'kaufen j-m etw.   6
ver'kehren *v/i* mit *D;*
  A (in *A*)   6
ver'**kennen** *A*   45
ver'kleiden *A* (*a.* sich) 15
ver'kleinern *A* (*a.* sich) 19
ver'**kommen** *v/i*
  (sein)   44, 26
ver'körpern *A*   19
ver'kraften *A*   15
ver'kümmern *v/i* (sein) 19
ver'künden *A*   15
ver'kürzen *A*   17
ver'**laden** *A*   42, 26
ver'lagern *A*   19
ver'langen von j-m etw. 6
ver'**lassen** *A;* sich
  (A) ~ auf *A* 42, 21
ver'**laufen** *v/i* (sein);
  sich *(A)* ~   43, 21
ver'leben *A*   6
ver'legen *A;* sich
  (A) ~ auf *A*   6
ver'**leihen** j-m etw. 39, 21
ver'lernen *A*   6
ver'letzen *A;* sich
  (A) ~   17
ver'leugnen *A*   19

ver'leumden j-n   15
ver'lieben: sich *(A)* ~
   in *A*   14
ver'lieren *A*   40, 26
ver'loben: sich *(A)* ~   6
verlor, verlöre *s.* verlieren
verloren *s.* verlieren
ver'loren|**gehen** *v/i*
   (sein)   35, 25
ver'**löschen** *v/i* (sein) 41, 21
ver'losen *A*   16
ver'mehren *A* (*a.* sich)   6
ver'**meiden** *A*   39, 21
ver'merken *A*   6
ver'mieten j-m
   (*od.* an j-n) etw.   15
ver'mindern *A* (*a.* sich) 19
ver'missen *A*   17
ver'mitteln j-m etw.   18
ver'**mögen** *A od.*
   Inf. + zu   32
ver'muten *A*   15
ver'nachlässigen *A*   6
ver'**nehmen** *A*   26
ver'neinen *A*   6
ver'nichten *A*   15
ver'öffentlichen *A*   6
ver'ordnen j-m etw.   19
ver'packen *A*   6
ver'passen *A*   17
ver'pflegen j-n   6
ver'pflichten j-n *od.*
   sich *(A)* ~ zu *D*   15
ver'prügeln j-n   18
ver'**raten** j-m etw.   42, 21
ver'rechnen *A* mit *D;*
   sich *(A)* ~   19
ver'reisen *v/i* (sein)   16
ver'richten *A*   15
ver'ringern *A*   19
ver'rosten *v/i* (sein)   15
ver'sagen j-m (*od.* sich)
   etw.; *v/i*   6
ver'sammeln *A;* sich
   (A) ~   18
ver'säumen *A*   6
ver'schaffen j-m
   (*od.* sich) etw.   6
ver'schärfen *A;* sich
   (A) ~   6

ver'schenken *A;* sich
   (A) ~   6
ver'scheuchen *A*   6
ver'schicken *A*   6
ver'**schlafen** *A*   42, 21
ver'schlechtern *A;* sich
   (A) ~   19
ver'schleiern *A;* sich
   (A) ~   19
ver'**schließen** *A;* sich
   (A) ~ *D*   40, 26
ver'schlimmern *A;* sich
   (A) ~   19
ver'**schlingen** *A*   36, 26
ver'schlucken *A;* sich
   (A) ~   6
ver'schonen j-n (mit *D*)   6
ver'**schreiben** j-m etw.;
   sich *(A)* ~   39, 21
ver'schulden *A*   15
verschwand, verschwände
   s. verschwinden
ver'**schweigen** *A*   39, 21
ver'schwenden *A* (an *A*) 15
ver'**schwinden** *v/i*
   (sein)   35, 26
ver'**schwören**: sich
   (A) ~ gegen *(A)* 41, 26
verschwunden
   s. verschwinden
ver'**sehen** *A* mit *D*   44, 26
ver'setzen *A;* j-m etw.   17
ver'sichern j-m *A;* sich
   (A) ~ *G;* gegen *A*   19
ver'söhnen *A;* sich *(A)*
   ~ mit *D*   6
ver'sorgen j-n (mit *D*)   6
ver'späten: sich *(A)* ~   15
ver'sperren j-m etw.   6
ver'spotten *A*   15
ver'**sprechen** j-m etw. 34, 26
ver'ständigen j-n über
   A; sich *(A)* ~ mit *D*   6
ver'**stärken** *A* (*a.* sich)   6
ver'stecken etw. vor *D*   6
ver'**stehen** *A* unter *D;*
   von *D;* sich *(A)* ~
   mit *D*   37, 26
ver'stopfen *A*   6
ver'**stoßen** gegen *A*   44, 21

ver'stummen *v/i* (sein)   12
ver'suchen *A*   6
ver'tagen *A*   6
ver'teidigen *A;* sich
   (A) ~ gegen *A*   6
ver'teilen *A* (an *A*)   6
ver'tiefen *A*   6
ver'**tragen** *A;* sich
   (A) ~ mit *D*   43, 26
ver'trauen *D,* auf *A*   6
ver'**treiben** *A*   39, 21
ver'**treten** *A*   44, 26
ver'unglücken *v/i* (sein) 12
ver'unstalten *A*   15
ver'ursachen *A*   6
ver'urteilen j-n zu
   D; A   6
ver'vielfältigen *A*   6
ver'vollkommnen *A;*
   sich *(A)* ~ in *D*   19
ver'vollständigen *A*   6
ver'**wachsen** *v/i* (sein);
   sich *(A)* ~   43, 26
ver'wahren *A;* sich
   (A) ~ gegen *(A)*   6
ver'wahrlosen *v/i* (sein) 16
ver'walten *A*   15
ver'wandeln (sich *A*)
   in *A*   18
ver'wechseln etw. mit *D* 18
ver'weigern j-m etw.   19
ver'**weisen** j-n an, auf
   A; j-m etw.; j-n
   von *D*   39, 21
ver'welken *v/i* (sein)   12
ver'**wenden** *A;* sich
   (A) ~ für *A*   45
ver'**werfen** *A*   35, 26
ver'werten *A*   15
ver'wickeln j-n in *A*   18
ver'wirklichen *A*   6
ver'wirren *A*   6
ver'wischen *A*   6
ver'wittern *v/i* (sein)   19
ver'wöhnen j-n   6
ver'wunden *A*   15
ver'wünschen *A*   6
ver'wüsten *A*   15
ver'zagen *v/i* (sein)   12
ver'zaubern j-n in *A*   19

widmen j-m etw.; sich
  (A) ~ D   19
'wider|geben j-m
  etw.   44, 26
wieder'gut|machen A
  (macht wieder gut;
  wiedergutgemacht) 10
wieder'holen A   6
'wieder|holen A   10
'wieder|kehren v/i (sein) 10
'wieder|kommen v/i
  (sein)   44, 26
'wieder|sehen A
  (a. sich)   44, 26
'wieder|treffen A 34, 26
wiegen[1] A   40, 26
wiegen[2] *(schaukeln)* A 6
wiehern v/i   19
wies s. weisen
will s. wollen
winden: sich *(A) ~*
  vor D   35, 26
winken D   6
wirb s. werben
wird s. werden
wirf s. werfen
wirken auf A; A   6
wirst s. werden
wirtschaften v/i mit D 15
wischen A   6
wissen A; etw. über
  etw.; um A   45
wob, wöbe s. weben
wog, wöge s. wiegen[1]
wohnen v/i in D   6
wollen   32
wringen A   36, 21
wuchern mit D; v/i
  (sein)   19
wuchs, wüchse s. wachsen
wühlen v/i in D; A   6
wundern: sich *(A) ~*
  über A   19
wünschen j-m etw.;
  sich *(D)* etw. ~ 6
würbe s. werben
wurde, würde s. werden
würdigen A; j-n – G 6
würfe s. werfen
würgen A; v/i an D 6

würzen A (mit D) 17
wusch, wüsche
  s. waschen
wußte, wüßte s. wissen

Z

zahlen j-m (an j-n) etw.
  für A   6
zählen A; v/i   6
zähmen A   6
zanken v/i; sich *(A) ~*
  (mit D)   6
zaubern A; v/i   19
zaudern v/i   19
zechen v/i   6
zehren an D; von D 6
zeichnen A; v/i   19
zeigen j-m etw.; auf A;
  sich *(A) ~*   6
zeihen j-n – G 39, 21
zentralisieren A 20
zer'brechen A; v/i an D
  (sein)   34, 26
zer'bröckeln A; v/i
  (sein)   18
zer'fallen v/i (sein) 42, 21
zer'gehen v/i (sein) 35, 21
zer'kleinern A   19
zer'legen A   6
zer'mürben A   6
zer'**reißen** A; sich
  (D) ~ A   38, 21
zerren A; an D   6
zer'**schlagen** A; sich
  (A) ~   43, 26
zer'setzen A (a. sich) 17
zer'stören A   6
zer'streuen A (a. sich) 6
zer'trümmern A 19
zeugen A; gegen A;
  von D   6
zieh s. zeihen
ziehen v/i (sein) nach D,
  in A; A   40, 26
zielen v/i auf A   6
ziemen: es ziemt sich, 6
zischen v/i   6
zittern vor D   19
zog, zöge s. ziehen
zögern mit D   19
'zu|bereiten A   15

züchten A   15
zucken v/i   6
zücken A   6
'zu|erkennen j-m etw. 45
'zu|fallen v/i D 42, 25
'zu|fügen j-m etw. 10
'zu|geben A   44, 26
'zu|gehen v/i (sein)
  (D)   35, 25
'zu|hören D   10
'zu|kommen D 44, 26
'zu|lassen A 42, 25
'zu|machen A   10
'zu|muten j-m etw. 15
zünden A   15
'zu|nehmen v/i   26
zu'recht|**finden**: sich
  (A) ~ in D 35, 26
zu'recht|**kommen** v/i
  (sein) mit D 44, 26
'zu|reden v/i D   15
'zu|richten A   15
zürnen D   6
zu'rück|**fahren** v/i
  (sein)   42, 26
zu'rück|**fragen** bei D 10
zu'rück|**gehen** v/i
  (sein)   35, 25
zu'rück|**kehren** v/i
  (sein)   10
zu'rück|**kommen** v/i
  (sein)   44, 26
zu'rück|**laufen** v/i
  (sein)   43, 25
zu'rück|**legen** A   10
zu'rück|**schrecken** v/i
  (sein) vor D (schrak
  od. schreckte zurück;
  zurückgeschreckt) 10
zu'rück|**setzen** A   17
zu'rück|**weisen** A 39, 25
zu'rück|**zahlen** j-m etw. 10
zu'rück|**ziehen** A
  (a. sich)   40, 26
'zu|rufen j-m etw. 25
'zu|sagen j-m etw. 10
zu'sammen|arbeiten v/i 15
zu'sammen|gehören v/i
  (*P. P.* zusammen-
  gehört)   10